人上之人

勝負定在比賽前，強者都在研究的競爭新科學

波・布朗森 Po Bronson ｜ 艾許麗・梅里曼 Ashley Merryman —— 著

林奕伶 —— 譯

「狗打架的勝負關鍵不在體型大小，而是鬥志的高低。」

——艾森豪（Dwight D. Eisenhower），美國前總統

目錄

第一部　競爭的基本原理

真正影響勝負的，絕對不是練習的多寡，而是鬥志。
本章將帶你一窺人性中的競爭意識，以及其本質。

第二部　競爭的結構

大腦處理壓力的本能，影響了我們競爭時的生心理，
也造就了每一個人眼中，競爭的不同樣貌。

第三部　個人競爭

比賽不只要看天氣，也要看你的運氣和脾氣……還有賀爾蒙。
深入冠軍的心理狀態，看不同類型的人如何脫穎而出。

第一部
競爭的基本原理

「一匹馬跑最快之時，莫過於被其他馬超越的時候。」
——奧維德（Ovid），羅馬詩人

第一章

跳傘客與國標舞者

1 極限運動的衝擊

美國不讓學者進行這類實驗。至於德國特里爾大學（University of Trier）的研究倫理委員會為什麼會批准她的實驗，我們仍不得而知。

我們只知道，丹澤（Renate Deinzer）多少得到了校方的支持。於是她站在那裡——德國葡萄酒產區摩澤爾（Mosel）一座小型飛機場的中央，面對著被她說服生平第一次跳傘，嚇得瑟瑟發抖的十六個人。

在這一天之內，這些人都要從「對這種事完全零經驗的新手」，變成「掌握高階自由落體技巧的高手」。

把人嚇到魂不附體，正是丹澤的實驗重點。她想探索人體對極度的壓力源會有什麼樣的反應：她想知道，恐懼是否會帶來某種符合眼前受試者驚嚇狀態的生化表現。

在跳傘之前和之後，丹澤會讓每個人嚼一小片薄海綿，接著再吐到試管裡。透過這些唾液樣本，丹澤可以精確分辨出跳傘的急性壓力在生物學上的表現，也可以測量跳傘刺激所引發的典型精神內分泌反應。

每輪會有三、四個人登上小飛機，用皮帶扣在地板上。他們心跳劇烈，彷彿少了降落傘包的帶子綁住就會跳出胸膛。

僅僅五分鐘後，飛機就到達降落區上空一萬英尺。儘管緊張不安，但為了更大的科學利益，沒有人臨陣退縮。隨著飛機的速度放慢到時速一百英里，他們一個個爬上機艙的欄杆，從飛機尾端往下跳。翻滾了一圈後，他們固定成腹部和臉朝地面的弓形姿勢，以每小時一百二十英里的速度自由落體。

在這漫長的一分鐘，新手跳傘客們感受到猛烈衝向下方葡萄園的奇特體驗。

第一次自由落體的人可能會害怕到忘了呼吸，或者過度換氣——這尤其令人擔心，因為在一萬英尺高的地方，人體會開始感覺到供氧降低，氣壓也會改變動脈的運作。嚴重的話還可能引發缺氧，導致暫時性失明，以及記憶和推理能力受損。拉下開傘索自救的那一刻如此緊張，有些人會在傘體張開時昏厥，在降落過程中的一段時間不省人事。

所幸丹澤的受試者沒發生這些併發症。他們透過安裝在安全頭盔上的無線電接收指令，被引導著朝向降落跑道，多數人都能站立著滑行到點。

不過今天並不是「跳過一次，就可以從人生願望清單上劃掉」，他們必須**再跳一次**。當天丹澤請每個人都跳了三次：他們落地後先嚼一片海綿，等著輪到他們再上去。有些人在一小時內就完成了三次跳傘。

為什麼要跳三次？

丹澤還想知道人會不會習慣快速密集的跳傘——如果適應了，是否就不會觸發同樣程度的衝擊？

分析唾液樣本後，丹澤並不意外地發現，跳傘者在第一次跳傘時有強烈的衝擊反應。但是之後每次跳傘，衝擊會減少約四分之一。到了第三次跳傘，還是有明顯的壓力衝擊，不過強度（平均）只有第一次跳傘的一半。這很類似塞車遲到時，你感受到的壓力。

顯然，急速落地的自由落體是你可以適應的事情，而且適應得很快。

現在有許多人常常跳傘，也真心喜愛跳傘。但如果反覆跳傘不一定能觸發大量的天然荷爾蒙，那麼跳傘持久不衰的吸引力是什麼？李令（Stephen Lyng）是研究**「極限工作」**（edgework）的學者，這個名詞是借用自作家湯普森（Hunter S. Thompson）對失序人類體驗的形容。一九八〇年代時，李令在一家地區跳傘中心擔任跳傘飛行員。他用當時自己對跳傘員的認識，對比後來他研究賽車手、高山滑雪選手、戰鬥士兵，以及創業家所獲得的認識。李令得出結論，跳傘與其他極限工作真正的「快感」來源，是透過純熟的技巧表現，掌控大多數人以為不可控制的情況。所有用來（在風險極大的情況）降低危險性的安全程序，都會產生這種掌控一切的感覺，但極限工作的基本技能，就是避免因恐懼而動彈不得，並將注意力集中在求生的必要行動。他們從戰勝危險所得到的自主感，才是真正的報償。他們追求的並非單純的刺激，而是在充滿刺激的情境下，掌控周遭環境的能力。

現在，我們來比較跳傘和……國標舞。

2 刻意練習只是入場券

湯普森大概不會形容國標舞是極限工作。畢竟其中沒有什麼失序的地方，不是「無法控制」的情況，也不會有死亡的潛在風險。

這次是在前一項研究地點的西北方大約二百八十英里處，德國多特蒙德（Dortmund）附近，有另一位學者也對劇烈體驗引發的精神內分泌反應感興趣。羅勒德（Nicolas Rohleder）自己備妥了測試用的海綿。他的方式跟跳傘研究的差不多，他會將練習日、休息日對照比賽日，藉此分析出結果。但他的受試者是國標舞者，絕大多數都是跳國標舞多年的組合。他們正參加北萊茵—威斯伐倫地區國標舞比賽。

這場比賽完全沒有獎金，只有榮譽可以爭取。舞者從歐洲各地飛來，就為了享受樂趣。比賽在星期六舉行，長達數個小時幾乎不間斷，只有宣布每輪預賽的獲勝者時才短暫暫停。在摩登舞的組別中，男性要穿著燕尾服、白領帶，頭髮往後梳成油頭；女性穿著用亮片裝飾的絲質長舞裙，畫上舞台妝。每對搭檔聽到自己的號碼時，就與其他選手一起加入舞池，進行一段約九十秒的慢華爾滋，然後趕緊下場喝一杯水，並等待再次叫號。接下來是探戈舞，然後是維也納華爾滋、狐步舞，以及快步舞。

比賽期間，那些舞者只用號碼代稱，直到當天結束宣布最終獲勝者時，才會喊出他們的名字。但這種匿名給不了什麼安全感，他們清楚感受到，任何姿勢以及在舞池動線中犯的錯誤，都會被五位裁判看在眼裡。每個動作都很重要：狐步舞時雙腳需要流暢地滑過地板；探戈舞斷奏時的動作；利用伸展腳踝和腳尖的方向來強調舞姿的線條感；華爾滋舞步的升降。

在每一輪期間以及之前與之後，這些舞者都要嚼一塊海綿。到晚上結束時，羅德勒的冰箱已經塞滿了將近九百個唾液樣本。

回到實驗室後，羅德勒將唾液樣本先冷凍再解凍，避免黴菌滋生。他以每分鐘三千轉的速度在離心機中旋轉樣本，再用微量吸管從每個舞者的樣本抽取二十五微升，轉移到塗有山羊抗兔抗體（goat antirabbit antibody）的檢測板上。他給每份樣本添加過氧化酶和抗血清，然後用磷酸鹽沖洗掉所有漂浮的分子。在化學物質的作用下，檢測板散發出詭異的光芒。最後，羅德勒用冷光儀測量每份樣本的發光強度，這讓他正在尋找的壓力化學信使，有了明確的根據。

不過，這些舞者的壓力有多大？

國標舞引發的壓力衝擊，就跟第二次跳傘一樣強。也有許多舞者的壓力反應跟**第一次跳傘**一樣劇烈。

別忘了，這已經不是舞者第一次或第二次比賽了。這些參賽者平均參加過一百三十一場比賽，而且參賽經驗已有八年之久。但即使有這般比賽經驗，加上數以千計的練習時數，跳國標舞仍舊有巨大壓力。

羅德勒分析資料，尤其關注經驗的影響。他按照經驗程度，將舞者分成三組。第一組是參賽少於八十場，其中大多數只有約兩年的舞蹈經驗；第二組是參賽超過八十場，舞齡則有好幾年。

第三組參賽超過一百七十三場：他們是練習且反覆表演超過十年的高手。其中一位的參賽次數甚至超過四百場。理論上，這些人是真正的專家。按照科學告訴我們的，練到了這種程度，跳舞在他們的生活中幾乎已經不需要認知來控制。所有的肌肉記憶，應該都已經深入到他們腦中的小腦區，變成自動行為。他們應該不用再擔心自己會忘記如何變換腳步內外側來營造風格與線條感。

但其實不然。這三組有一樣的劇烈壓力反應。精神內分泌反應不會說謊。無論他們在舞池裡待過多久，國標舞的殘酷世界依然令人恐懼。參賽者並沒有就此適應。即使有連續超過十年經驗的國標舞者，在德國西北部那次星期六的環境下，可能也體驗到跳出飛機一般的感受。

為什麼會這樣？為什麼有人可以立刻習慣跳傘，卻永遠無法習慣跳國標舞？因為跳傘和跳舞的真正差異，不在活動的實體環境，甚至無關乎生命與肢體的實際危險。

真正的差異在於**心理**環境。老練的舞者身處競賽之中，而新手跳傘客卻不是。更精確地說，引發壓力的並不是**跳舞**這件事。而是被人評價，是輸贏。

競爭很特殊，本身就具有危險和刺激。

我們可以想想，這從宏觀來看代表了什麼。

過去幾年一直有人說，不管什麼活動，成功的祕訣就是努力累積十年的刻意練習。練習讓你成為專家好手。只要堅持不懈，就有機會成功。

儘管這樣的論點廣為流傳，我們卻覺得這個成功方程式少了什麼。人的成就不是用他們**練習**得怎樣來評斷的。

練習和競爭不一樣。你可以排練一千次，發表你為何該得到這份工作——但是當看到等候室裡還有三十人都在競爭同樣的崗位，你要怎麼應對？

一個證券經紀人可能有博士學位，還花了十年研究股票估價。但當投資組合在一夜之間虧掉一半，這些學經歷夠說服客戶不要把帳戶轉給同條街上的其他交易員嗎？

你可以投給孩子一百萬次球，直到他揮棒完美。但是面對一個想讓他失手的投手，他還是會遲疑。練習鋼琴或許可培養手指的靈活度，但這並不能解決第一次站在觀眾前那種胃打結的緊張。

想要成功，你必須能在重要時刻發揮。你必須能處理那種壓力。你必須不在競賽中畏縮卻步。

我們想知道：讓人擅長競爭的原因是什麼？

國標舞的研究告訴我們，比賽的壓力不會隨著經驗增加消失。結論是，經年累月的練習恐怕還不夠。除了刻意練習，成功還取決於應對競爭的能力。成功有賴於怎樣處理精神內分泌壓力反應，甚至轉化為助力。本書稍後將探討，雖然每個人都有那種壓力反應，不過可以用不同方式解讀，而這會徹底影響我們的表現。

十年的練習或許會讓你成為專家，但即使如此，那也只是入場券而已。你還是必須跟其他好手一較高下，他們大多也投入了十年的努力。贏家不是練習比較多的，而是比賽表現更好的人。贏家是在樂團演奏、燈光聚焦、評審注視下，還能充分發揮的人。

極限工作中重要的核心技能，在任何競爭情境其實同樣重要：避免因恐懼而動彈不得，以及集中注意力的能力。

事實上，沒有人會在開始比賽**之前**先累積十年的經驗。世界不是這樣運作的。我們都是在還沒練習夠之前，就被丟進競爭中。我們的成績依然要受評價，我們的命運依然取決於表現的好壞。要從這些考驗中存活下來，我們需要的不只是練習。我們需要的是鬥志。

本書就是在研究鬥志——鬥志是什麼，以及如何獲得。

3 好競爭，壞競爭

競爭讓世界轉動。競爭是發展的引擎和民主的基礎。競爭促進創新，驅動全球市場，並讓人把錢放進口袋。

不過，也有人主張，競爭是罪惡之源。他們認為競爭具破壞性，而不是有建設性的活動。他們斷定競爭會扼殺有利社會的行為，比如合作與尊重。

首先，我們認為將競爭當成合作的反面這種假設，忽略了一些關鍵點。要競爭的話，雙方必須在規則上合作：雙方有共同的合作協議來規範競爭。此外，競爭通常是以團隊為單位。每個人必須和團隊成員合作，才能有效競爭。沒有合作，不可能有健康的競爭。事實上，驅動我們競爭的荷爾蒙，正好也是驅動我們合作的荷爾蒙。

確實，競爭偶爾會讓我們展現出最惡劣的一面。但是不良的行為並不是競爭成功的長期策略，就像孩子們不會想跟搶走全部玩具的孩子一起玩。如果你敲客人竹槓或是害他們生病，你就不會有回頭客。不良的行為會導致孤立：沒有人想跟無法信任的人共事。此外，把時間花在作弊的贏家，培養不出靠實力獲勝的必要技能。再說，作弊是短期策略，長期來看並不會成為贏家。

我們還認為，有些反對競爭的觀點可以歸咎於用字問題。我們會毫不遲疑斷言，國家必須在商業及學術領域保持競爭力。一家沒競爭力的企業不僅在經濟上落後，也未能履行對股東和員工的責任。如果本地的球隊不努力求勝，持有球隊比賽套票的人絕對有權利抱怨。球隊不必每次都贏，但至少要給對手施加壓力，而且絕對要全力以赴。

不過當「競爭」用到個人身上時，含意就變得複雜了。「努力求勝」用來形容魔術強森（Magic Johnson）在球場的表現和他的不動產帝國，那是讚美，但用來形容在晚上輕鬆玩桌遊時女友的表現，則可能是警告了。

我們必須先區分一下**適應性競爭**和**不適應性競爭**。適應性競爭的特徵是堅持不懈並決心迎接挑戰，但也尊重規則的約束。這是種能力，在投入可貴的努力後，即便輸了，也由衷感到滿足。具有適應性競爭心態的人，不必事事做到最好——他們只努力在受訓練的領域做到最好。他們或許在工作上追求完美，但是不介意打網球和沙狐球時表現差。他們能夠延遲滿足，也就是接受進步可能需要很長一段時間。健康的競爭心態，特徵是持續努力追求卓越，卻不會過度關心排名。適應性競爭才能通往偉大英勇的表現，激勵所有人。

給競爭帶來壞名聲的是不適應性競爭。不適應性競爭，特徵是心理上的不安全感和不合時宜的強烈欲望。這樣的人無法接受輸是競爭的一部分，會在旁人不競爭時跟人較勁。他必須凡事都成為最強者，就算比賽結束了，也無法停止和別人比較。哨聲吹響，也不會停。他會藉著挑釁煽動，把其他人拉進不想參與的競爭，還會在自己贏不了時作弊。

如果有人說「我不愛競爭」，他們心裡想到的通常是這種不適應性競爭。在他們的想像中，那些人似乎連雞毛蒜皮的小事，也迫切地想要爭個你死我活——那些人想要競爭的理由，就只是趁機羞辱對方。但是「超競爭」是不適應的失常，而適應性競爭是推動正面變革的原動力。當你挑選自己的戰場，就是認定了哪些重要、哪些只是消遣。這種自動調整適應的競爭，就是本書的焦點。

不過我們很難說得清楚。

因為在英語中，適應與不適應的區別，在籠統的「競爭」一詞下被忽略了。語言的變通方法就是求助於譬喻——試著保留身為偉大競爭者的英勇部分，而不帶有負面意味。英語俗語中，常說某人「血管裡有冰」（臨危不亂，鎮定自若），有「殺手本能」（損人利己的本能），「鋼鐵神經」（極有膽量），以及「冠軍的心」（能夠團結眾人為共同的目標努力）。他們的態度「不留俘虜」（咄咄逼人），「寧可破產」（孤注一擲），「鬥牛抓牛角」（果斷勇敢面對困難），或是「給出一一〇%」（全力以赴）。他們說到做到、勇往直前、迫不及待，並且準備就緒。優勝者會強力出擊、力求實踐、努力不懈，並在關鍵時刻挺身而出。

我們尋找適當的字眼，最終找到了第一個真正頌揚競爭的文化：古希臘。古希臘人的生活中心，就是訓練體育競賽的運動場。眾人聚在一起辯論想法，透過互相爭辯和挑戰，逐步形成思想。古希臘人會認真玩骰子、打彈珠、擲羊拐骨，以及下棋。劇作家艾斯奇勒斯（Aeschylus）、索福克里斯（Sophocles）以及尤里比底斯（Euripides）的悲劇表演，都參加了政府創立的戲劇比賽。古希臘人還舉辦奧林匹克運動會、地峽運動會（Isthmian Games），以及針對女性的赫拉亞運動會（Heraea Games）。

時時在競爭的好處，就是能鍛鍊人的心智與身體。終極目標就是達成希臘人所謂的「阿睿提」（aretas）。

如今，你可能看到英語將阿睿提翻譯為「卓越」。不過，那僅是阿睿提真正意思的一小部分。

在荷馬時代，形容人有阿睿提就是說他有鬥志。根據歷史學家倫東（J. E. Lendon）解釋，競爭是所有美德（勇氣、忠誠、可靠）表現的機會。在戰鬥正熾時，具備阿睿提的人，能證明自己是勇敢無畏的對手和傑出的戰略家。面臨考驗時，他是同儕中技能精湛、博學多聞，而且令人信服的領導者。他有「墨提斯」（metis）——機智聰慧。他的身體強壯、腳步敏捷、出劍靈活，性格英勇堅定。

因此，透過競爭達到卓越的阿睿提，成為古希臘人至高無上的美德。阿睿提是眾神所有，而凡人努力追求的目標。

奧林匹克運動會起初是宗教節慶，是用來展現個人的阿睿提。運動不只是娛樂、消遣，或是模擬戰爭：這些項目據說最早都是希臘神話中眾神與英雄的比賽。人類競爭者也希望展現與眾神有關的特點：透過這些活動，運動員追隨眾神的成神之路。競賽能激發出最佳狀態，並教運動員做到最好，是在對手之中展現榮譽和勇氣的機會。正是在這些比賽中，你用所有的光榮事蹟贏得**聲望**。

荷馬的《伊里亞德》（*The Iliad*）和《奧德賽》（*The Odyssey*）在很多方面就是對阿睿提的頌歌。包括《伊里亞德》裡的阿基里斯和《奧德賽》裡的奧德修斯，都是在史詩篇章中鍛鍊阿睿提的英雄人物。在《伊里亞德》中，為何而戰、為誰而戰，以及戰鬥時如何維持榮譽，這些問題都有助於定義阿睿提。而在《奧德賽》中，奧德修斯返鄉路程的無盡磨練，展現了高超的運動技能、耐力、自制、機智、交際手腕，這些都是阿睿提的要素。

古希臘人不怕競爭會滋生出不道德的行為。他們反倒相信競爭會**教人**道德。唯有透過競爭，人類的心靈才能達到完滿高貴。簡言之，他們學會公平戰鬥，對對手抱以敬意和相互尊重。阿睿提的意義在於，競爭會將你塑造成更好的人：競爭刺激你成為最好的自己。

4 贏的那一刻，發生了什麼？

荷馬時代之後大約兩千九百年，現代奧運在北京舉行。二〇〇八年八月十一日，在中國的國家游泳中心水立方。法國隊在男子四百公尺自由式接力決賽最被看好。賽前法國選手柏納（Alain Bernard）預測法國將「輾壓」美國隊。兩隊將並排而游，分別在第四、五水道。另外，美國與澳洲的較量也有悠久歷史，澳洲隊也在決賽之列，就排在第三水道。

奧運幾乎是運動員生涯中最受人矚目、壓力最大的賽事，不過這場比賽值得期待的程度可說是高出天際。游泳池裡有十多位世界紀錄保持人，包括整個美國隊，菲爾普斯

（Michael Phelps）、瓊斯（Cullen Jones）、韋柏－蓋爾（Garrett Weber-Gale）、萊札克（Jason Lezak），還有法國隊的柏納與波士奎（Frédérick Bousquet）。世界紀錄保持人蘇利文（Eamon Sullivan）帶領澳洲隊，而南非也再次集結了雅典奧運時的自由式團隊——這支隊伍曾贏得二〇〇四年的金牌，並創下世界紀錄。整個體育界都在關注菲爾普斯能否贏得八面金牌，打破史畢茲（Mark Spitz）的七金紀錄。如果菲爾普斯要拿到八面，美國隊就必須贏下這場比賽。

美國隊知道每位選手都必須拿出「完美比賽」才能贏。完美比賽指每位選手都必須在那一棒，創下個人生涯的最佳紀錄。

一如預期，第一棒是由澳洲的蘇利文取得壓倒性優勢，成績為四七．二四秒。（兩天後，他在個人一百公尺自由式創下四七．〇五秒的新世界紀錄。）

菲爾普斯落後〇．三秒，而法國隊緊追在菲爾普斯之後。但是到了第二及第三棒，法國超越了美國隊，並擴大領先差距到一個身長。

美國隊的最後一棒是三十二歲的萊札克，他是奧運年紀最大的男子游泳選手。最後一棒時，他游在水道分隔線附近，借助領先的法國選手柏納製造的波浪。他告訴我們：「以一百公尺的比賽來說，大部分的選手多少都會調整自己的節奏，保持換氣，不像比五十公尺時不換氣。一般來說，如果我用最快速度游一百公尺，會死在最後十公尺。」

二〇〇四年雅典奧運的個人賽中，萊札克在準決賽稍微保留了精力，結果沒能晉級決賽。那次錯估讓他耿耿於懷多年。四年後，當他落後於柏納，他說：「我要從一開始就拼盡全力。」

萊札克翻身轉向時，還落後四分之三個身長。他看向右方，發現柏納在他前方。他一時放棄了希望。他的肌肉和肺部痛得厲害，知道自己差不多要變慢了：「我跟自己說，我絕對做不到，他可是世界紀錄保持人。」看來美國隊可以保住銀牌就不錯了。「我告訴自己，只要游好自己的就行了。」但是他預期的速度變慢並沒有發生。他感覺依然有力，也這樣告訴自己。「當我趕上他的臀部時，又找回了一點信心，開始覺得有機會。」正當萊札克覺得快死在水裡時，他忽然意識到還有機會，這快速給他的身體充了電。

「我以前從來沒有這種感覺。」

在最後的十五公尺，萊札克趕上柏納，並以一臂之長贏得金牌。

這是史上最刺激的游泳接力賽，也是最勢均力敵的一場。全世界的體育愛好者都對萊札克的成績大吃一驚：四六．〇六秒，比世界紀錄還快一秒，也比他在個人賽快了將近兩秒。無論怎麼分析，這場比賽都是泳界的奇蹟，相當於母親為了拯救被困的孩子而舉起一輛車。

他是怎麼做到的？這種驚人的鬥志到底源自何處？

等你看完這本書，就會發現有數十種因素共同造就了那驚人的四十六秒。沒錯，數十種因素，每一個都幫助他縮短了幾百分之一秒。

首先，比賽的勢均力敵和結果是密不可分的，如果不是萊札克要追趕柏納，這根本不可能發生。你會了解，美國隊和其他國家的激烈競爭有多重要。你也會明白，為什麼美國隊作為不被看好那方至關重要——萊札克能以獲勝為目標去拼，但如果輸了也不會有人責難，而這一點也改變了他的生理機能。大聲呼喊的觀眾也是原因之一。美國隊贏的另一個要素是，前兩屆奧運都未能奪金。外界認為他們之前在雪梨奧運拿銀牌不是「第二好」，而是徹底的失敗。另一個核心因素是，萊札克在比賽前及追上柏納的關鍵時刻，都相信自己有機會贏。

萊札克能讓這一刻發生，本身也有生物因素，比如他可能有在巨大壓力下表現更好的基因變異，或胚胎時受母親子宮的荷爾蒙濃度影響。在比賽前一天，其他生化物質開始作用，啟動了他細胞裡的基因；而在比賽那天，又改變了他所需要的神經傳導物質的生產速度。然後在比賽前一小時荷爾蒙激增，接著比賽開始時，又是不同的荷爾蒙讓他在幾秒鐘就燃燒了起來。你會知道他的肺部和血管發生了什麼事，他的痛覺敏感度、決策力，以及注意力又有什麼變化。

另外還有團隊效應。在兩天後的個人決賽，他只游出了較慢的四七・六七秒。是不是有兩種人，一種單獨出賽表現比較好，另一種在團隊中才能發揮最佳表現？萊札克知道怎樣**和**隊友一同比賽。他把所有人帶到一邊，說起一個團隊的重要，而非只是四個個人。他們暗示彼此的潛意識，加強了信心與相互扶持的感覺，這又激發了其他的荷爾蒙來團隊合作。他這樣做同時是為了自己、隊友，以及國家。

萊札克在青少年時期和大學早期是未列入排名的短跑選手，但始終持續訓練，養成了堅持不懈的精神，讓他在最後一棒時拒絕放棄。甚至是萊札克的童年也對那一刻有貢獻，將他打造成有競爭精神的小孩，最終在奧運游泳比賽一展身手。他早年和其他男孩打籃球與水球的經歷，都成為培養他競爭精神的訓練場。

在那座泳池裡匯聚的因素，幾乎在所有優秀的表現都發揮了作用，就像歌手在舞台上引吭高歌、學生在SAT（學術水準測驗考試）取得高分、談判專家為公司爭取到絕佳的交易、士兵遇襲時要設法生存，或是西洋棋大師要進入決賽。每當你的投入和能力遭到想要打敗你的人質疑時，這些因素都很重要。

所有這些因素都會在本書進行探討並延伸。這些因素對所有類型的競爭都會產生影響，從體育到業績競賽，從學術到創意追求，從政治到創業雄心皆然。

5 人類如此熱愛競爭

一般來說，研究發現希臘人是對的：大多數人在競爭中確實會進步。我們天生就會迎難而上（在北京那座泳池的所有人就是這樣：八隊中有五隊的成績都超越世界紀錄）。

競爭會激發動力，無論是因為競爭者想要贏，或只是不想墊底。即使在不樂意的情況下被拉入競爭，單是跟人比較就會觸發競爭本能，使我們更加努力。

數十年來，社會科學理論認為，與他人競爭時我們的動機是外在的，而主動完成一項活動時，動機是**內在**的。因此就有人擔心，競爭會讓人偏向於受外在動機刺激，喪失了對活動本身自發的熱愛。但事情沒有那麼單純：有些人**熱愛**競爭。對他們來說，競爭讓活動**更有樂趣**。比方說，針對長跑選手的研究顯示，晉級全國賽的選手（為金錢、獎牌、榮譽）有最強的內在動機。只有中等程度的跑者才著重外部因素。同樣，預備軍官訓練團（ROTC）學生如果是以團體競賽來學射擊，比起沒競賽的情況下，更能培養出對射擊的熱愛，對於對手**也會有**更多的尊重。

競爭甚至還會提升**創意**動力。雖然社會崇尚的理念認為，創意天才最有創造力的時候，是要不受外力干擾（例如和他人比較、截止日期，或金錢獎勵）。但我們的結論恰好相反，競爭不會扼殺創意，反而能提供促進創意的動力。競爭也教人坦然面對衝突與對立，這些都是培養創意精神的必要基石。

有些人似乎相對不受競爭影響，但他們是例外而不是常態。對他們來說競爭似乎不影響表現，不會變差，也不會提升。也有人在競爭的環境下表現會失常，他們會被比賽擊倒，開始退縮。

有趣的是，科學能預測你屬於哪類。而且科學還顯示，無論你最初屬於哪類，都能提升在競爭中的表現。

競爭要成功，需要克服平時不敢冒的險。第一個風險是參賽本身，即決定投入比賽。每個人都有自己的心理門檻，決定何時參賽的好處會超過恐懼帶來的阻礙。聚焦在自己能贏得什麼的人，更有可能投入競爭；而聚焦在自己勝算的人，比較不會投入競爭。

人類都會受到兩種欲望驅動，分別是享樂，和避免痛苦。但每個人需要多少、可以承受多少又各不相同。本書將這兩種傾向稱為「增益導向」和「預防導向」。這些傾向大大影響了人是否參與競爭。你還會了解到，女性比起男性較少參與競爭，並非因為男性本身更喜歡冒險，而是男性通常對自己的能力過度自信，對一些風險視而不見。這種特質使男性參與更多競爭，但未必能幫他們獲勝。

同樣的決策（是否要參加比賽）會在比賽**期間**小規模地重複數千次。每個競爭者都免不了保留精力，不可能全程全力以赴。我們都不斷計算是否要在比賽投入更多精力和希望，也會隨時評估勝算，以及是否值得繼續投入。再三選擇究竟要不要大膽一試，是要躺平自保，還是要拿自尊冒險。

宗教學者卡斯（James Carse）將比賽分成**有限**和**無限賽局**。有限賽局有明確的開始與結束，目標是獲勝。比賽與比賽之間有休息與恢復的時間。無限賽局則永無盡頭，且因為沒有最終的贏家，因此目標就是「持續領先」。無限賽局中，比較永無止境，差別只在競爭強度的起伏。結果發現，女性比男性更善於應對無限賽局，因為女性通常能在競爭的同時找到恢復的方法。男性因為無法保護自己的自尊心，在有明確時間限制的短期競賽表現較佳。

鬥志是先天與後天綜合的結果。我們通常以為生理因素是決定性或永久的，但事實不是這麼簡單。生理與心理常會爭奪控制權。當生理占上風，而心智沒有辦法扭轉局勢，你就會成為被身體反應擺布的受害者。而有人會說，頂尖與平庸競爭者的差異在於心理素質，這說法很準確：要成為更好的競爭者，關鍵在控制心理狀態，而這又會改變底層的生理狀態。簡而言之，如果你能控制恐懼，那也能控制自己的生理狀態。

不過，要說保持冷靜是每個人都適用的解決方案，這是個迷思。只有一些人需要保持冷靜，其他人克服焦慮要走光譜的另一端——保持高度興奮、活力充沛，甚至憤怒。本書一再出現的觀點就是人有兩種：需要避免壓力才能表現好的人，以及需要壓力才能拿出最佳表現的人。對有些人來說，告訴他們要冷靜、放鬆、正面思考，反而會有反效果。

競爭所需要的條件，和過著幸福生活需要的不同。想要更深入本書就必須認同一點：如果不是有比賽，頂尖競爭者的心理狀態、行為，以及投入程度都會被社會排斥（注意，男性在比賽**之後**不會互相拍屁股）。但在比賽規則下這些都是被允許的。可以說，**只有**在比賽期間，社會才允許我們盡最大的努力，毫不掩飾對勝利的渴望，並展現最積極熱切的一面。

難怪我們如此熱愛競爭。

第二章
競爭機器

1 奮起或退縮，因人而異

如果回溯社會心理學領域的首篇研究，會發現那是在一八九八年，作者是重回印第安納大學攻讀碩士的三十七歲高中老師，崔普雷特（Norman Triplett）。

崔普雷特提出一個想法：競爭能激發人的表現。光是有另一個人在做同樣的事，就會讓人更努力。在適當的環境中，競爭會引出人最好的表現。

競爭一直是政治與經濟理論的基石，例如孫子、馬基維利、霍布斯、亞當．斯密的理論。就在那份研究的四十年前，達爾文提出競爭是演化的引擎。不過崔普雷特是第一個測量競爭的影響，而非只是建立理論的人。

崔普雷特的嗜好是騎長途自行車，正好當時自行車風靡全國。那時配備充氣輪胎、由鏈條驅動的自行車早已發明，而福特T型車還要幾年才問世。每次打破自行車世界紀錄（從二十到一百英里的紀錄）都會引來媒體的爭相報導。有些自行車手為了在個人計時賽中騎得更快些，會僱用一組配速員（通常是技術純熟的雙人團隊輪流交替），讓後方的單人車手達到破紀錄的速度。而有些車手則與競爭對手競速。

崔普雷特仔細研究了美國自行車手聯盟競速委員會一八九七年賽季的所有資料，想確定自行車手是獨自與時間賽跑，還是跟其他車手較量騎得快。他的結論是，跟其他車手競賽相較於獨自與時間賽跑，每英里會快五秒。他假定另一個車手的存在會激發競爭本能，「釋放或鬆綁無法自己釋放的緊張能量」。

但他仍不清楚這個加速作用，是否真的可以從配速員及風阻的作用抽離開來。

為了探討這個問題的核心，崔普雷特設計了一項實驗。他希望他的碩士論文是沒有人做過的研究，於是在指導教授的研究室建造了一個金屬裝置，稱之為「競爭機器」。

這個划艇槳大小的機器是個奇怪的組合，長桿的尾端有兩個固定的捲軸，加上一個滑輪，還有一個裝載長捲絲線的紡錘。崔普雷特找來了各年齡層的二二五位受試者，在機器上測試多次，他們有時獨自進行，有時跟另一位比賽。信號一下，計時器開跑，每位參與者就要盡最大的速度轉動手臂大小的捲軸，將絲線拉過十六公尺長的路徑。絲線上縫著鮮豔的旗子，用來顯示進度。他們最後大概會轉一百五十圈，過程大約需要四十秒。

雖然崔普雷特的總結有留下紀錄，但是大部分的原始數據已經遺失。唯一留下的是四十個小孩的表現：每名都在幾天內完成六次測試。他在一八九八年的論文中寫到這些小孩，列出每次測試的時間。大部分的受試者在九到十三歲之間。

崔普雷特找這些小孩回答一些他好奇的問題。鬥志是與生俱來的嗎？競爭有什麼特別的地方，可以幫助一個小孩成功卻讓另一個失手？這跟小孩幾歲有關嗎？性別呢？女孩與男孩對比賽的反應有沒有差別？

所有的小孩都在競爭機器上先做過練習，然後做一次計時賽，敦促他們盡快完成。他們分秒必爭地與時間賽跑。休息過後，其中二十人分成十組，進行一對一的比賽，對手都是時間成績相近的小孩。

圖表1是他們的成績。

沒有一眼就可看出的規律，對吧？好幾個小孩快了許多，有些則較慢，還有一個慢了許多。到底有沒有什麼規律存在？

圖表1：第一次與第二次計時賽

	單獨	一對一
艾伯特P	29.0	28.0
安娜P	67.0	57.0
貝詩V	46.2	41.0
艾瑪P	38.4	42.0
吉娜維芙M	36.0	36.0
哈利V	32.0	32.0
哈維L	49.0	42.6
海倫F	44.0	51.0
霍華C	42.0	36.4
伊涅茲K	37.0	35.0
傑克R	44.2	44.0
約翰T	30.2	30.8
洛伊絲P	53.0	45.6
蘿拉F	40.4	35.0
瑪莉M	48.0	44.8
米爾弗萊德V	36.4	29.0
羅伯特H	31.4	31.4
維奧拉F	54.4	42.6
華納J	41.6	43.6
威利H	37.8	38.8

圖表2：第二次與第三次計時賽

	單獨	一對一
安娜F	31.8	32.4
柏莎A	49.0	48.0
卡萊爾B	35.4	35.0
克拉拉L	44.0	46.0
克萊德G	35.0	32.4
朵娜R	37.2	36.0
艾迪H	29.2	27.6
喬治B	36.0	37.6
葛蕾西W	50.0	42.0
海瑟M	35.8	38.2
海倫M	45.6	35.8
萊拉T	37.4	36.8
露西爾W	50.0	43.0
露拉L	39.0	38.0
瑪莉B	46.0	43.4
瑪莉W	53.0	45.8
莫莉A	30.0	28.0
歐若R	30.0	29.0
珀爾C	43.0	40.0
史蒂芬M	50.0	43.0

第二組的二十個小孩單獨做了兩次計時測驗，沒有比賽。就靠著額外的練習，他們平均時間減少了二點五秒。接著進行一對一比賽，看看競賽會不會進一步縮短時間。

規律還是不太明顯，但已漸漸浮現。在圖表2中，似乎**大部分**的孩子在比賽時更賣力。

最後，每個小孩都有三次單獨計時，以及三次有競賽引導的計時成績。綜觀六次測試，大致的結果就浮現了。崔普雷特總結，一對一的競爭平均會讓他們的時間縮短幾秒。他評論道，「打敗對手的渴望就算沒有其他的作用，至少讓他們意識到自己的潛力。」

但這種情況並非每個人都適用。

舉例來說，在圖表1、2裡都有海倫：一個是海倫M，十歲大的女孩；另一個是海倫F，九歲大。海倫M的三次單獨測試都在四十五與四十六秒。但是一對一比賽時她明顯努力許多。她在一對一的競賽中，每次都**快了五至十秒**。

鬥志就是在面臨挑戰時能加倍努力。可不只是加大一點點，而是將努力的旋鈕轉到幾乎超越極限。

海倫F的情況正好相反。她競爭時變得畏縮也更不賣力，失去了動力。她的第一次一對一比賽比單獨計時慢了七秒。後面幾輪的表現沒有那麼糟，但是比賽始終沒有讓她的時間縮短。

所有小孩測試的時候，崔普雷特始終待在旁邊，注意他們的情緒和臉部表情，記錄他們的痛苦與得意。其中十個小孩，他歸類競賽對他們來說是「不利刺激」，他們其實不喜歡競爭，而且許多人都表現失常了。他們呼吸費力，臉色苦惱發紅，手臂肌肉因為太過緊繃，很難快速動作。他們的比賽成績反映了這種掙扎。每個年紀的小孩（即使是十四歲的孩子）都有人失常。整體而言，女孩在競爭測試中獲益**比較多**——她們成績提升特別多。但也有些女孩因競爭遇到更多困難。

崔普雷特根據孩子操作競爭機器的情況，將他們分類。他發現分布為五〇％、二五％、二五％：半數的小孩因為競爭而進步**許多**；另外四分之一的小孩大致不受影響，在三次競賽測試中成績差不多；最後四分之一的小孩則無法好好地應付競爭測試。

這就是實驗發現的規律。

幾乎所有競爭對一般群體影響的研究中，多數人都會在競爭環境中更努力，但有些對此免疫，有些則會減少努力。

競爭的真正益處不是獲勝，而是提升表現。競爭會釋放或產生額外努力的隱藏資源。競爭者會發現有多一層動力。而且在適當的環境中，**就算你最終沒有贏得比賽**，也會發生這種狀況。競爭能使人進步。

但競爭的代價是，並非對每個人都有益。有些人在競爭壓力下會退縮，原因有很多，本書後續將深入分析生理和心理因素。但也不宜太早跳到這些結論，因為有時候結果跟個人的弱點無關。下個小節要討論，競爭意志會如何受到結構性因素影響。你將會看到，競爭者的數量與實力可以影響誰失常、誰勝出。

崔普雷特是讓孩子跟實力相當的競爭者進行一對一比賽，但如果是滿場競爭者的實力有高有低，情況就不同了。這裡將從形形色色的競爭背景推斷出幾個基本心得，包含美國空軍學院、企業業績競賽、ＳＡＴ考生，以及全球工業包裝機器市場。這些例子共同證明了一點：要保持鬥志昂揚，沒有什麼比**勢均力敵**的比賽更重要。

2 先有贏的可能，才有鬥志

美國空軍學院二〇一一級的畢業生就跟之前的每屆一樣，在空軍雷鳥飛行表演隊飛過獵鷹體育場的那一刻，將帽子拋向空中。

不過這二〇一一級的畢業生跟往年卻有一個關鍵的不同。雖然從來沒有被告知，但他們其實是由幾位經濟學家設計的大規模社會實驗的白老鼠。

軍校的使命意味著軍校生必須願意上戰場。軍校生的競爭能力可說是攸關生死的事，因此在軍校中凡事都是競賽，旨在培養未來軍官的鬥志。

空軍學院新鮮人被稱為「第四等」，綽號叫「杜力」（doolie），源自希臘文的「奴隸」。他們沒有什麼自由：如果不是規定必要參加的活動，他們被限制在宿舍、圖書館，以及運動場活動。只有透過表現才能贏得特權。你的地位就佩帶在胸前，那些胸章是靠著從學業成績、精湛的槍法等成功事蹟贏得。畢業時，全體教師還會給每位軍校生排名。排名高的就能分配到稱心如意的好工作，而排名低的只能被分配到北達科他州的邁諾特。

這些學生及學校，都算得上是一流的。二〇一一年，《富比世》雜誌將該校評為美國最佳大學第十名，其中航空工程是最受歡迎的主修之一，SAT分數要求也很高，只有一四%的申請者能錄取。光是要申請，學生還必須有一位國會議員推薦。

儘管嚴格篩選申請者，每年還是有新生不太適應這種競爭環境，有些就像崔普雷特歸類競爭是「不利刺激」的小孩一樣表現失常。這在學業成績落後的軍校生最為明顯，

GPA（成績平均積點）二．〇的軍校生會留校查看，且許多人會輟學。

二〇〇〇年代中期，陷入困境的學生人數不斷上升，校長因此憂心忡忡，並開始尋找解決辦法。

正好，經濟學家卡雷爾（Scott Carrell）已經和空軍學院合作進行過好幾項研究了。卡雷爾是空軍預備部隊少校，也是空軍學院的畢業生，他的好友經濟學家威斯特（James West）在空軍學院任教多年。他們在空軍學院做過一項研究，探討睡眠時長與學業成績的關聯。另一項研究則是協助學院打擊作弊──這在幾年前相當猖獗。

卡雷爾與威斯特的最新研究是針對特定的同儕效應。他們注意到一個現象：成績較差的軍校生如果和成績好的學生多相處，學業會進步。成績好的會影響差的，拉著他們向上。和SAT分數比你高一百分的人交朋友，會帶動你的GPA進步半點。

卡雷爾提議利用這種已知的同儕效應，避免成績最差的軍校生繼續留校查看和輟學，還不花一毛錢，而學院只需要巧妙地安排下一屆新生。

他們模仿軍事體系，將所有軍校生分配成各個中隊。每個中隊由約一百一十名軍校生組成：包括三十五名新生，三十名二年級生，二十五名三年級生，以及二十名四年級生。每個中隊的新生吃飯、睡覺、訓練、讀書都在一起。藉由改變每個中隊的組成，同儕效應就會開始作用。

卡雷爾與威斯特一開始先從一三一四名新生找出SAT分數和GPA較低的人，即輟學風險最高的學生。他們被分配到由更多高成就者組成的特殊中隊。相較於普通的中隊，特殊中隊的劣等生多一些，優等生也更多，而為了挪出空間，中等生則較少。因此，許多中等生被分配到相當同質的中隊。

卡雷爾推測留校察看的學生應該會大量減少。新的分組方式必定會讓軍校生的GPA提升到二．〇的及格線上。

過了第一學期，卡雷爾迫不及待分析數字，但事實讓他難以接受，心想：**這不可能**。有**更多**岌岌可危的軍校生表現變差，完全沒有減少。

到了春季學期，新生可以自己挑選室友。於是卡雷爾開始調查他們的選擇，發現有個現象：劣等生會跟其他劣等生合住。隨著他深入了解，逐漸明白了問題的癥結點。在實驗中隊裡，劣等生會自我隔離成小團體，藉此隔絕在無窮無盡的排名與比較之外。即使每個中隊每天都在米契爾大廳的同一張桌子吃飯，劣等生也會坐在一塊兒。他們在圖書館讀書時，也會坐在不同的閱覽區。競爭的作用在於激勵每個人達到新的高度，但這種情況來說，本應受到競爭幫助的受試者，反倒因此退縮了。

即便如此，卡雷爾仍希望這只是暫時的，中隊生活的團隊力量最終應該能發揮作用。但是春季學業成績出來後，卡雷爾非常失望。實驗結果和預期大相逕庭。

一年級結束後，中隊的成員會重新分配，之後就固定下來了。因此二〇一一級的實驗編組解散時，這個結果沒有讓人覺得不尋常，沒有學生發現自己是某項大計畫的一部分。

另一方面，剛入學的二〇一二級也按照實驗分配中隊。同樣也經歷了一年的實驗後，卡雷爾終於接受了。因為結果還是一樣，那些岌岌可危的軍校生如果是安排在實驗中隊，輟學的風險會更高。

雖然結果和預期完全相反，卡雷爾還是發表了他的研究，原因有兩個。第一，他認為這是個有用的警世故事，可以提醒其他人不要犯同樣錯誤。第二，這研究仍有可取之處。

還記得那些剩下的中等生組成的中隊嗎？結果發現他們的學業成績遠遠**超出**預期。經過每天競爭磨練，這些中等生全都表現很好，整體提升了一個層次。包括二〇一一級和二〇一二級都是。

起初幾乎被忽視、未被經濟學家關注的中等生，突然成為了新的研究焦點。

為什麼他們的表現如此出色？

部分答案或許可以從其他地方的模式找到，例如業績競賽。

業務員和空軍學生看似沒有什麼共同點，但確實有相似之處。全世界的經濟學家和商學教授都研究過企業的業績競賽。在一些研究中，教授甚至獲准設計比賽。一般來說，業務薪資已包含佣金，競賽則是額外的激勵機制，企圖使員工更賣力。

研究普遍證實，如果競賽設計得當，成果就會顯現：從法國銀行的信貸主管，到英國的摘草莓移工，再到荷蘭連鎖服飾的店員，業績競賽將生產力提升了一〇到五〇％。

但是未必每次都能有這種成效。銷售研究的經驗法則是，比賽只有在對手實力相當或勢均力敵的情況下才有用，這樣額外的努力才會成為輸贏的關鍵。人要有點勝算，才會全力以赴。

領先者若沒有遇到挑戰，就不會盡力；而落後太多的人會不再那麼努力，因為覺得不可能贏。

業績競賽的設計應該將業績相近的分在同組，也可以微調，讓更多的參賽者自認有可能獲勝。

比方說，法國銀行分行在兩個月的比賽期間，會有每日回報。每天銀行會得知全國哪些分行前一天發放了最多個人貸款（個人貸款貢獻了該行九〇％的稅前利潤）。因為貸款量波動很大，許多分行都一度被評為「當日領先者」。雖說他們距離總排名獲勝還很遠，不過獲得「當日領先者」的肯定，重新設定了這些分行的參照標準。那些分行從此更加努力，在比賽剩下的時間裡，他們的業績增加了二八％。

再想想空軍軍校生，那些中等生的身邊都是成績相近的競爭者。他們從未感到落後太多，而且在考試中，很多人無疑都嘗過作為「當日領先者」的滋味。競爭激發他們最好的表現，不會因落後太多而放棄。

成績欠佳的軍校生身邊都是頂尖的學生，讓他們天天都覺得自己能力不足。無止盡的比較沒有誘使他們更努力，反而成了不可能戰勝的基準。這些劣等生因而形成了小團體（從大家都是劣等生的共通點尋求慰藉），但這種安全感卻在無意間讓他們不求上進。

3 對手數量影響表現：N效應

對大部分人來說，鬥志深受我們感覺到的成功機率影響。跟十個人競爭還是跟一百個人競爭，差別很大。當賽場太大，名列前茅的機會很渺茫，一般人就不會那麼努力了。

有個非常顯著的例子：參加SAT考試時，同地點其他考生的人數對平均分數有重大影響。賈西亞（Stephen Garcia）與托爾（Avishalom Tor）兩位教授分析二〇〇五年的所有SAT成績。他們發現，在大考場與許多人一起考試的青少年分數較差。相反，場地較小、參加考試的人較少，考生的分數較好（如果你是統計學愛好者：考場人數與SAT分數的相關係數高達負〇．六八）。

這些學生清楚那天全國都在考試，不過這麼多考生聚在同個地方，還在同個教室，實在令人心生畏懼。這是赤裸裸提醒還有多少學生在跟你競爭大學入學機會，會反過來影響專注與努力程度。

看看圖表3列出的幾個州的SAT分數平均數。

如果請你猜美國哪個州的平均SAT分數最高，你大概不會猜阿肯色州、阿拉巴馬州，或蒙大拿州。在人口較少的農業州，考生得開更遠的車才能到達考場，但每個考場人數還是比較少。在圖表3中，左邊是**考生密度**最低的州，右邊則是考生密度最高的州。

還有一點是，農業州考ACT（美國大學入學測驗）的學生比較多。在這些州，只有最優秀、最聰明的學生才會考SAT。但賈西亞和托爾在他們的分析中納入了ACT／SAT的普遍程度（以及ACT分數）。即使控制了ACT的影響，低密度州的學生分數還是比較高。賈西亞和托爾也處理了其他州與州之間的差異。他們做了父母教育和少數族群學生比例的統計調整，並納入更多系統性控制變數，包括過去十年各州SAT分數的提升率，以及州與聯邦政府挹注學校的金額。

考慮到所有因素後，在較小、人數較少的考場考SAT的學生，分數還是比較高。

賈西亞和托爾在密西根大學生的認知反射測試分數中，也發現同樣的現象。受試者被告知是與另外九個人競爭時，考試完成的時間比較快；而告訴他們是在與九十九個

圖表3：二〇一一年美國各州SAT分數

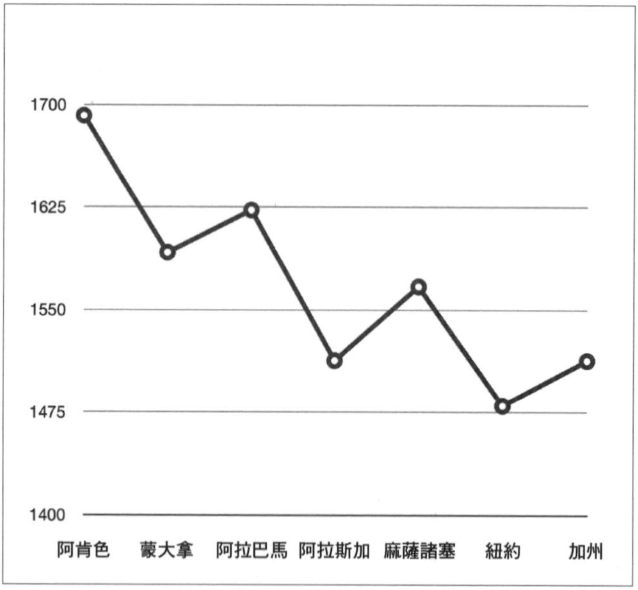

人競爭時，他們的努力程度會下降。

賈西亞和托爾稱這種現象為「N效應」。這個**N的值**（參與者數量）愈大，個別參與者的成績就愈差。

根據賈西亞的說法，「怎樣拿自己與他人比較，是驅動我們和他人競爭的引擎」。如果比賽只有幾個人，我們會持續努力，拼命再拼命，力求超過競爭對手，於是競爭變得非常個人化，是對我們自身能力的檢驗。

賈西亞說：「相反，如果我們是跟很多競爭者較量，就不會像跟特定競爭者較量時那樣在意。」一旦人數大到我們沒有個人競爭的感覺，結果就不像在表現個人的價值，也就不會那麼拼命。

學校改革的辯論中，支持小班制依據的概念是，規模較小的班級有助於增加師生互動。但賈西亞想，學生在小班級的表現較好，原因可能在於更緊張的同儕關係，以及學生更激烈的競爭，因為參考框架縮窄了。其實跟教師沒有關係。

一八九八年，崔普雷特發現，只跟一個人競爭的表現會比不跟人競爭好。

賈西亞和托爾則發現，跟太多人競爭會有反效果——努力程度反而會下降。

4 提高競爭意識的「假想敵」

那麼，面對大量的競爭者該怎麼辦？如果N效應會打擊鬥志，你要怎樣補救，讓鬥志的火焰保持旺盛？

以大學美式足球來說，不是每支球隊都能爭奪全國冠軍，甚至無法擠進前二十五名。球隊可能會因為根本毫無機會而意志消沉，但也有許多球隊可以角逐聯盟冠軍。藉由縮小焦點，將比賽設定成在競爭者較少的範圍內，運動員就會更努力。而最極致的縮小焦點就是年度對抗賽，就算一支隊伍戰績不佳，一路跌跌撞撞地走到季末，隊員依然能鼓起鬥志，盡全力破壞對手晉級季後賽的希望。

以哈佛與耶魯的美式足球對抗賽為例，該賽事始於一八七五年，並自一九五九年以「大賽」聞名。一世紀前，這兩支隊伍都是全國性的強隊，如今雖已不復以往，不過對抗賽的結果依然充滿意義。耶魯占有歷史優勢，六十五勝五十六敗八平手，但哈佛過去六次比賽都連勝。兩支球隊都是對方衡量自己的基準。這場年度對決引發的競爭精神，絕對強過其他普通的週六比賽，**證據**就在於，經常有弱隊能夠打破強隊的賽季計畫。照理說，這些年來應該是實力懸殊的對戰：其中一隊的勝率亮眼，另一隊碌碌無為，然而大爆冷門的情況卻屢見不鮮。

過去一世紀，耶魯有十次以**不敗**的戰績走進大賽。但是看看結果：

耶魯最後只獲勝三次。體育比賽總有灰姑娘的故事，只不過沒有規則可循，永遠不知何時會發生。唯一例外的是宿敵對決，似乎**肯定**會創造逆轉勝的故事。

宿敵對決就像競賽的平方：讓鬥志燃燒得更旺。

企業界也一樣，通常任何領域都有大量的公司在競爭。按照資本主義的基本原則，這些公司在開放的市場競爭，推動彼此創造價值並成長。不過常被忽略的是，即使在商界（甚至是有大量N競爭者的產業），對抗的感覺都會加強競爭的力度。這種對抗效應在許多競賽場

圖表4：哈佛與耶魯的美式足球對抗賽比數

1912年11月23日	耶魯0：哈佛20
1921年11月19日	耶魯3：哈佛10
1923年11月24日	**耶魯13：哈佛0**
1924年11月22日	**耶魯19：哈佛6**
1937年11月20日	耶魯6：哈佛13
1960年11月19日	**耶魯39：哈佛6**
1968年11月23日	耶魯29：哈佛29
1974年11月23日	耶魯16：哈佛21
1979年11月17日	耶魯7：哈佛22
2007年11月17日	耶魯6：哈佛37

都做過研究，包括蘇格蘭的針織公司、挪威的食品雜貨店、電玩製造商，以及銀行。但是在北義大利艾米利亞—羅馬涅（Emilia-Romagna）當地的競爭，卻以令人意外的方式產生經濟價值。

歷史古城波隆那周圍，有一個現代的新產業快速崛起，不久前還在市值兩百八十六億美元的全球包裝機市場中稱霸。這個地區因此贏得了「包裝谷」的稱號。

手機充電器的塑膠包裝殼、胃藥的鋁箔包裝，或是儲藏櫃裡六塊裝肉湯濃縮塊的包裝盒，壓製包裝的機器極有可能就是來自包裝谷。這個小小的地區已成為全球包裝技術創新的領導者，讓人不禁好奇包裝谷的崛起祕訣，就像好奇為何矽谷稱霸高科技產業。

如今義大利有那麼多包裝機器出口，主要原因之一，就是包裝谷當地特定公司之間強烈的競爭感。

包裝谷大約有兩百家公司在製造工業包裝機器。你可能以為他們彼此都在競爭，但當地的學者——波隆那大學經濟學家波亞利（Cristina Boari）走訪那些公司的員工，發現他們並不覺得自己是在跟兩百家公司競爭。一般公司認為自己只是在跟四、五家公司比拼，而其中兩家通常位於另一個國家或義大利其他地方，在地理和心理上都距離遙遠。所以他們真正的競爭者，或者說死對頭，其實只有一家（或兩家）當地的公司。他們拿來和自己比的，是也在製造機器切割和包裝起司、香菸或化妝品的附近公司。

這種競爭焦點的集中，強化了員工的投入感。為了超過彼此而努力，促成一項又一項的創新。這些義大利公司表明，無論設計師想像出什麼樣的包裝構想，他們都可以製造出實現夢想的機器。不管是生物可降解瓶子，還是方便拿的特殊形狀瓶子，都樂於接受挑戰。他們製造了超高速機器人，以及將液體變成粉末的冷凍乾燥機，以及完全隔絕空氣的無菌防腐系統。從生產線運出的每個容器都可以追蹤：生產小兒痲痺疫苗預充式針筒的機器被運往印度，而在世界的其他地方，很多人開始用咖啡膠囊製作濃縮咖啡。

我們說過，激發鬥志的是實力相近的比賽，而這也包括心理上的相近。這些包裝公司的地理位置相近，跟他們的成功密不可分：他們更能密切掌握競爭對手，快速模仿對方的創新，並回敬一二。但波亞利發現不只如此，自豪以及受尊重的需求都激發澎湃的動力，因為他們擔心失去榮譽、不願在自家地盤被打敗。這些公司有共同的價值：建立高檔、複雜又極為可靠的機器。他們都向該地區的類似供應商購買零件。這些公司在其他方面也旗鼓相當——他們互相挖角員工，每年的流動率在一〇%。

這是一種不容懈怠的工作文化，員工從上到下都真心投入。

正如一名工程師對波亞利說的：「有些對手會派美女來，想挖走我們最優秀的技術人員，但沒有成功。因為我們這裡可以做出精美的機器，來激勵技術人員。」

有人會說臉書從劍橋遷到帕羅奧圖非常關鍵（在《社群網戰》〔*The Social Network*〕有記錄），不僅在於可以接觸到矽谷的創投家和程式設計師，此舉還激起了臉書員工（當時在帕羅奧圖）與Google員工（就在緊鄰的山景城）更深層的競爭意識。當占上風的人受威脅，員工就會更嚴肅看待競爭，因此更加努力。威脅不僅是抽象意義的，還包括員工每次訂餐、每次打開報紙、每次在派對上告訴別人自己在哪裡工作，而對方了然地點頭。

這種**接近性**的因素，也是大學對決的核心。哈佛與耶魯這些年來不只是在美式足球競爭，他們在各方面的競爭都旗鼓相當，具備頂尖的申請學生、諾貝爾獎、成為美國總統的校友數、捐款，以及身為新英格蘭地區的驕傲等。他們有相似的價值觀與志向，例如提供金錢援助，讓不管多貧窮的學生，都上得起他們學校。由於這些都至關重要，他們的對決肯定會繼續。因此那年不管球隊的表現多糟，到了十一月底，連常被忽視的線鋒也會全力以赴，為學校而戰。

馬太效應是社會學家莫頓（Robert Merton）一九六八年所提出的，指競爭初期的領先者往往會被傾注大量資源而變得更好，久而久之就擴大了與弱勢者的差距。比方說，最優秀的學生會送去最好的學校，接受最優秀的教師指導；同理，最優秀的選手會送到最好的球隊，接受最好的教練訓練。這個名詞的靈感來自《馬太福音》的一段話：「凡有的，還要加給他，教他有餘；凡沒有的，連他所有的也要奪去。」

而每當我們試圖解決這種現象（重新分配資源，支持較弱的競爭者），則是在應用**馬可效應**。這個詞是芝加哥大學的波特納（Matthew Bothner）於二〇〇九年提出，取自《馬可福音》：「然而，有許多在前的將要在後，在後的將要在前。」當競爭者不平等時，我們的社會有無數種方法可以協助或介入。我們認為競爭理當是基於公平的賽場——規則適用所有人，如果不適時重新分配，富者只會更富，直到沒人能跟他爭。

容易忽略的是，有時候競爭者所需要的，只是一個實力相當的對手和一絲成功的希望。光是這樣，就可以神奇地重新喚起他的鬥志。

下一章將探討可以改變表現的幾個常見結構性因素，像是觀眾、獎賞，以及主場優勢，都可以增加鬥志。這看似顯而易見，但是為何有效，又為何常會適得其反，就沒那麼容易判斷了。

第三章

激發或消磨鬥志的三個因素

1 主場優勢：在我的地盤就得聽我的

主場優勢幾乎對所有談判都會造成影響，無論是正式還是非正式，無論在企業界還是政治界的任何層級。

一九九八年的秋天，我們的朋友韓林（Kirk Hanlin）正搭乘空軍一號，準備抵達東京做最後一次訪問。

韓林是柯林頓總統的行程負責人，負責實際指導柯林頓完成日常的每次會面和活動。隨著這架巨無霸飛機接近目的地，韓林愈來愈擔心總統剛抵達的那幾分鐘可能發生的情況。柯林頓總統將立即前往明仁天皇的住所。柯林頓是第一位受邀在天皇私人住所會面的美國總統，韓林知道即使只是一絲絲的延誤，都可能引發國際事件。

外交活動的場所，通常被視為整個談判過程的寫照。理想的情況是，一切該發生在中立領土，沒人能獲得主場優勢。法國拿破崙一世和俄國沙皇亞歷山大一世簽署提爾西特條約（Treaty of Tilsit），是在一條河流中央的木筏上。美國前總統老布希（George Bush）與蘇聯領導人戈巴契夫（Mikhail Gorbachev）終止冷戰的高峰會，是在兩艘船上舉行。

柯林頓與天皇的會面正處於極為敏感的時機。美國與日本正為了多項貿易問題持續有矛盾，雪上加霜的是，許多日本人依然對兩年前沖繩的美軍性侵案憤怒不已。當時日本大約有五萬名美國軍方人員，而四〇%的日本民眾希望美軍全部撤離。

從各層面來說，日本人似乎都在表達，美國人只是不受歡迎的侵入者，因此美國總統的這趟日本之行，就是要透過言行改變那樣的看法。

隨著飛機開始下降，韓林回想起先前的一次日本之行，當時他負責總統出訪的許多後勤安排。

當時，日本企圖利用他們的主場優勢，總是在密不通風的小房間舉行會議。日本人知道許多美國人不抽菸，就故意整個會議都在抽菸。他們希望美國人會因為急著離開煙霧瀰漫的房間，而迅速同意他們的要求（結果沒成功，韓林只是被這種心機逗樂了）。韓林要克服的最大爭論焦點，就是日本人不希望美國記者團納入總統的車隊。出於安全考量，日本沒有這種作法。對韓林來說，讓步很容易，這樣就不會冒犯東道主。但是韓林堅持，因為記者團一向都納入美國總統的車隊中。

這其中有個不可明說的理由。甘迺迪總統遇刺是美國史上的重大事件，但當時卻沒有任何一架新聞攝影機在場。不久之後，白宮記者團默默建立了所謂的「貼身觀察」制度。總統幾乎是一腳踏出白宮，就至少會有兩名記者在場記錄。

兩年後，韓林又聽說日本再次拒絕讓媒體進入總統車隊。韓林知道，如果他不能確保美國記者團跟著搭車前往天皇住所，**這件事**傳回美國就是大事。大概會出現類似「柯林頓與天皇會面，美國媒體被拒之於門外」的頭條新聞（再加上一些陰謀論的色彩），而韓林得為此負責。

韓林認為，唯一的辦法就是直接告訴柯林頓總統。在空軍一號上的橢圓形辦公室，韓林快速跟總統報告車隊問題的最新情況。

飛機降落後，韓林終於鬆了一口氣。車隊當中有一輛廂型車標明了「新聞媒體」，韓林也看到隨行的白宮記者陸續上了車。

在韓林的指示下，車隊匆忙地出發了。但車隊還沒走出機場，韓林就接到一通緊急電話。原來日本人耍詐——雖然媒體記者確實上了車，但日本的保安不讓車子離開。狂怒的記者依然整車停在飛機旁。

韓林嘆了口氣。這時，車隊差不多離開機場了。乾脆讓日本人贏這回是最容易不過的，但韓林決定不妥協。他當場想出一個辦法，打電話給柯林頓的司機，叫他把車開到路邊停下。

特勤局幹員停好總統的豪華座車，韓林趕緊從自己的車跑向柯林頓的車。韓林打開總統的車門，探身進去。

「總統先生，我只是需要讓他們看到你在跟我說話。」他快速對總統說明計畫。

柯林頓回答：「重點是，我見天皇不能遲到。」兩人都知道，柯林頓是出名的遲到大王，但明仁天皇卻是出了名的極為準時。

韓林強調他已精確算了行程時間，還有大約兩、三分鐘的餘裕。

「那就這麼說定了，絕不遲到。」

「不會的，先生。我保證。」

韓林跑回幕僚的車子，心裡明白，自己距離讓兩位國家元首對他發火只有幾分鐘的時間了。

「我剛剛跟柯林頓總統談過，」韓林告知日本的工作人員：「他想知道你們是哪位工作人員阻止記者進入車隊。總統交給我這張紙，希望你在上面用日文寫下這個人的名字。他會將這張紙交給天皇，好讓天皇知道，究竟是誰該為柯林頓總統會面遲到負責。」

他把那張紙交給他們，等待回應。

最後韓林沒有拿到名字，而是接到一通電話，說美國記者突然又加入車隊了。

剩最後幾秒的時候，柯林頓準時抵達天皇住所。

那天稍後，柯林頓與日本首相小淵惠三展開一連串的雙邊會談。會談結束時，兩國確認美國繼續駐軍日本的重要性。

在日本與美國政要的晚宴餐敘上，柯林頓說：「我們一切努力的核心，就是堅定美日兩國人民的情誼。我們的防衛同盟是亞洲穩定的基石。我們的友誼向亞洲及世界證明，迥異的社會也可以攜手合作，造福所有人。」

這讓日本意識到，比起少量的美軍，日本主權還有更大、更近的威脅（例如中國、北韓），而日美雙方為他們的新承諾舉杯。

啊，地點，地點，地點。

在高階層的外交，主場優勢非常強大，因此需要不屈不撓、足智多謀，才能達成目標，這點似乎顯而易見。較難察覺到的是，當兩家公司或兩個人坐下來談判時，這樣的優勢依然會發揮作用。

英屬哥倫比亞大學教授布朗（Graham Brown）曾邀請幾對大學生參加一場模擬合約談判。但他錯開學生到達的時間，帶著早到的學生到一個閒置的辦公室。布朗將辦公室的鑰匙交給早到者，告訴她可以隨意使用電腦，甚至鼓勵她掛上一、二張海報裝飾。接著他給早到的學生二十分鐘熟悉這個空間。另一個學生一來，就進行談判。這種情況一點也不公平。把辦公室當主場的學生，談到比想要的還更多的好處。

布朗總結，處於主場的人會獲得巨大的意外收穫，可能比對手**多上一六〇%**。根據布朗的研究，若有人向上司要求加薪，在自己的辦公室提，比在上司的辦公室更有可能成功。當公司的兩個團隊合作進行一項計畫，在自己的會議室招待咖啡和貝果的那一方，更有可能主導整個計畫。

研究者從一九七〇年代起，就一直探究運動場上的主場優勢。從美國的棒球到中國的冰壺，全世界的競爭者在主場都較可能獲勝。雖不是穩操勝券，但NBA的地主隊大約有六三%的勝率。類似的優勢在冰上曲棍球、橄欖球、澳洲足球，以及競速滑冰都能發現。而客隊的不利之處也不僅是輸球。在伊朗，足球選手在客場比賽受傷的機率遠大於在主場比賽。

主場比賽中，球隊的打法會有所改變。大學與職業籃球隊的研究中，地主隊通常由中鋒和前鋒領導。地主隊更擅長阻攻、抄截、球權輪替，而且投籃更能成功得分。客隊則是由控球後衛帶領的防守戰術：他們更擅長助攻、三分球、籃板球，以及故意犯規。球隊打法的差異非常顯著，因而學者斷定教練在準備比賽時，應該也將地點納入考慮。

在結果不確定時，主場優勢作用更強大，像是在賽季初、比賽開端，或者地主隊在中場落後時。

大家都同意主場優勢確有其事，但依然不了解原因。理論學說五花八門。有些支持裁判偏袒說（地主隊的支持群眾吶喊聲影響了裁判的判定），但是這不能解釋為什麼選手會改變自己的戰術。

另一個比較普遍的解釋是，客隊可能因為搭飛機、時差，以及睡在奇怪的飯店而筋疲力竭。這也能解釋部分原因，但不能完整解釋，因為地主隊的主場優勢，有時會在客隊沒有任何改變的情況下就失去。統計學家波拉德（Richard Pollard）研究了跨越市區遷移到嶄新體育館的三十七支職業球隊的輸贏紀錄。你可能認為，更好的新場地對球隊有幫助，但波拉德的研究結果顯示，最起碼在一開始，球隊在舊球場贏球的機率還更高。

如果你問球迷，他們會說，主場優勢來自觀眾的熱情。但這似乎也不是答案。幾年前，義大利足球比賽看台上的狂熱暴力太過嚴重，導致有些球隊選擇在空蕩蕩的體育場打球：沒有球迷獲准入場看比賽。

但即便如此，地主隊還是會贏。

或許最有趣的論點是，觀眾的角色像是老闆或主管，監督選手的一舉一動。選手不能偷懶，否則觀眾會質疑。這或許解釋了為什麼主場優勢會隨著時間而減弱。過去幾十年，球隊可以在客場比賽時保留精力，也沒有多少球迷會知道。但隨著電視轉播的興起，主場觀眾始終在觀看，要求球隊時時都要發揮最佳水準。

不過，這些論點的瑕疵是，大多只適用體育比賽，無助於解釋為什麼這樣的優勢，在其他競爭環境下（沒有裁判、沒有長途跋涉，也沒有觀眾）也會出現。

舉例來說，幼稚園的孩子玩遊戲，如果是在自己的教室玩，比較有可能贏：走廊另一邊來的孩子處於守勢，也比較願意給出自己的巧克力餅乾。

學校資助方案投票時，投票地點若是在實際的學校建築，一般人比較可能投贊成票：當他們身處在學校之中，就是無法拒絕。大學生和同儕辯論時，如果是在自己的宿舍房間，比較可能贏得辯論。

基於這些研究結果，研究人員漸漸得出結論，主場優勢是一種漸進演變的優勢，根植於領地原則：一種與生俱來且根深柢固、控制自己空間的需求。一旦這種領地意識啟動了，你會變得更有競爭意識，更願意去挑戰潛在的入侵者。當你察覺到潛在威脅，會更有自信、動機，也更有攻擊性。你的自我效能感將提高，以最符合需求的方式控制環境。研究人員還在設法了解主場優勢的神經科學，至今的資料顯示，主場勝利會以明顯不同的方式，刺激大腦的獎勵中樞。因此在主場獲勝不僅更具挑戰性，一旦實現也更令人滿足。

正如布朗教授的解釋，領地原則是一種社會歷程，源於排除他者。換句話說，光是宣稱某件東西是「我的！」是不夠的。領地原則是宣告：「這是我的！不是你的！」而這樣的宣告（無論是針對停機坪，還是辦公室隔間），會帶來安全、身分認同和歸屬感。

即便是最小的所有權意識，也能觸發強烈的領地意識，且不需要經年累月，而能瞬間發生。在電玩實驗中，如果玩家搶先對手**僅僅十秒鐘**到達目的地，也更有可能贏。

而我們也同樣很快就接受其他人的所有權意識：後到者會接受自己是訪客，通常還會尊重先到者。後來者更有可能逃跑而不會堅守陣地。領地原則解釋了為什麼行人在路過陌生人時，會很自然地說「借過」。潛意識感覺像是對方已經「擁有」前面的人行道，而別人需要獲得許可才能走。

一旦擁有了那個空間，想要牢牢把握的渴望就很強大。在亞特蘭大的一家大型購物中心，研究人員記錄汽車離開停車位需要多長時間。如果有另一輛車正在等這個停車位，離開的時間需要兩倍。即使本來就要離開停車場，但如果離開代表將自己的地盤交給別人，還是會花上更長的時間。

2 觀眾效應：支持或干擾

大約十年前，特里爾大學的研究人員找來一群二十多歲的人，在非常嚴厲的評審小組前，發表他們為什麼是職位的最佳人選。他們必須站在麥克風前，還有攝影機正對著，記錄每一個緊張的動作和眼神。

一些求職者獲准帶男、女友，或配偶來應援。

面試結束後，參與者都必須嚼一片紗布，好讓學者從唾液樣本判斷面試的壓力程度。學者原本預期，夥伴在場支持會減輕發表談話的壓力。男性確實如此，有女朋友或妻子在場讓他們大為鎮定。

但研究人員意外的是，女性的情況正好相反。有男友或丈夫在場會讓她們更緊張、更不自在，認為接收到**更多**的評價，而不是更少。

這個發現並不是要用來評論婚姻關係的狀態，而是巧妙呈現了一個複雜的謎題：演出或競賽時，有時親人在場支持有幫助，有時卻不然。

任何參加過運動比賽、舞蹈表演或辯論隊的人，對此應該都能感同身受。有些人非常希望父母在看台上，有些人卻不喜歡，因為這只會增加壓力，擔心表現不好令父母失望。有人相信你雖然會幫助建立信心，但當這些信任伴隨著高期待，卻可能增加困難感。那些難以滿足的高期待，使參賽者難免想太多，無法借助無意識的自動反應。

不解之謎在於：為什麼有時會如此，有時卻正好相反？為什麼被人注視（被任何人注視）有時有助於表現，有時卻有害？先前，我們提到觀眾就像努力的監督者，確保你不會懈怠。但在這裡，我們談論的不是你投入多少努力，而是心理影響——為什麼有時觀眾讓你更有勇氣，有時卻只會讓你焦慮？

在青少年花式滑冰界，那些「冰雪媽媽」之間的共識，就是必須充分關注女兒的練習，讓她習慣你的存在，就不會成為比賽當天的心理干擾。只在大型賽事出現可能弊大於利。當然，練習時媽媽在場，得益的不只是女兒。媽媽透過觀看練習，看到了跌倒和失誤，也就不會對比賽有不切實際的期望。

職場也有類似的複雜難題：有時如果老闆頻繁監督，員工的努力程度確實會上升。但監督也可能讓員工焦慮，甚至成為一種干擾，導致無法專注，**降低**生產力。

早在一九二五年，愛荷華大學的特拉維斯（Lee Travis）就發現，大一新生在進行勞力任務時，如果有一群學長姐監督，表現會更好。即使監督的人不評價他們的表現，只專心看也是如此。新生不想在學長姐面前表現不好，這種情況本身就是一種評價的環境。因此，受關注的對象會更專注也更努力。

特拉維斯一度與崔普雷特齊名。競爭能提升表現，而觀眾也有同樣效果。特拉維斯的成果激勵了許多其他實驗，包含各式各樣的任務和觀眾。研究人員想出的任務都很別出心裁，雖然沒有崔普雷特的「競爭機器」那麼精巧，但核心理念同樣是確保受試者先前沒有相關經驗。研究人員讓工廠工人學習走迷宮、國民警衛隊發送燈光故障信號、學生記憶無意義的音節，每次實驗都分成有觀眾和無觀眾的對照，包括老闆或教師有無在場。這些研究很多都驗證了特拉維斯的研究結果，但問題是，有不少研究顯示觀眾會帶來負面影響。最後，因為太多的研究結果相互矛盾，這整個研究方向便不再受青睞了。

一九六五年，當時在密西根大學的扎榮茨（Robert Zajonc）重新探討了這個問題。他注意到所有研究有個規律，能解釋何時受關注有助表現，何時則有害。他的理論認為，關鍵變數在於究竟是處在學習階段，還是已經掌握技能。如果還在學習技能，觀眾會阻礙表現；如果已經熟練了，觀眾則可提高表現。扎榮茨寫道：「用傳統心理學的語言來說，觀眾的存在會促進表現，但妨礙學習。」

學習本身壓力雖重，但一旦掌握了技能，額外的壓力反而有助發揮最佳表現。

當時，扎榮茨稱自己的構想是「嘗試性的概括」。他參考了早期有關老鼠和猴子的生物研究，推測觀眾的存在會提高激動程度，變得更積極和強勢。

此後，扎榮茨的分析就成了準則。一項又一項研究發現，在嘗試新技能時，甚至是像玩新電玩之類的事，觀眾即便是來加油的也可能是干擾，他們是否安靜並不重要，光是在場就創造了評價的環境。這點與其他研究一致，新手與專家對觀眾的反應不同，新手從正面回饋最能獲益，但專家則從批評中受益，專家需要那種敏銳的審視才能進步。

將這研究方向進一步推進，羅格斯大學的艾羅（Jack Aiello）證明，簡單的任務在監督下會進步，但愈複雜的任務，被監視時的表現就愈差。像是老闆看著時，輸入資料的效率會上升；但如果有旁觀者在背後看著，解出來的字謎就沒那麼多。艾羅還做了一項ＩＢＭ

遠距工作者的研究：當員工在家沒人監督時，每天實際工作時數多了一小時。

仔細想想，如果ＩＢＭ電腦科學家根本不需要監督，沒人干涉生產力還會提高，就引來一個頗有爭議的問題：我們的經濟日益依賴的那些精密工作類型（複雜創新、需要腦力多過體力的工作），其中的員工真的需要監督嗎？當然，由於團隊成員需要協調工作，確實需要有人管理，但真有必要緊迫盯人，只為了確定員工有在工作嗎？能不能雇了積極的人，就讓他們自由發揮？

答案可詳細可簡短。簡答是，艾羅和他的團隊發現，間歇性監督的效果比持續監督好。隨機抽查員工會產生持續的存在感，有激勵作用，卻不會造成心理干擾。事實上，內向的人在沒有監督下工作，會最有生產力，對他們來說任何程度的監督都是干擾。但外向的人渴望額外的刺激和互動，沒有這些他們會覺得無趣，失去對工作的專注。

而詳細來說，這個問題（是否必須像質問孩子一樣質問員工「你的作業做了沒？」）跟另一個問題密不可分：應該給員工什麼樣的報酬和激勵？

考慮一個問題不可能不考慮另一個問題，因為兩者是一體兩面。監督管理是偏懲罰性的，報酬則較有獎賞意義，但兩者的目的都是為了促進更好的表現。傳統觀點認為，員工的薪資如果與表現緊密掛鉤，就足以讓他們努力工作。高報酬應該帶來更高的生產力：如果低生產力會影響到薪水，員工就不會懈怠了。

不過，最近有種論點挑戰了生產力與報酬之間的關聯。根據這論點，「人想做有意義的事」才是發自內在的動機。一個人在從事自認為重大的工作，那種重要性的價值可能比薪資單上的數字更有意義。因此，至少對仰賴內在驅動的特定群體來說，也許根本不需要獎金。因為獎金更像是監督，被視為一種羞辱、沒必要的鞭策。諷刺的是，如果你放心讓專業人士自己完成工作，他們會用更高的生產力來回報。

如果這些都是真的，那麼我們大概也不需要緊迫盯人。但這**是**真的嗎？高水準的人才競爭時，真的不需要獎賞和獎金？人是否天生就有追求卓越的動力，不論有無金錢誘因？是否需要多給錢才能引出優秀的表現？

那是下一個我們要探討的問題。

3 獎品差異：激發冒險的勇氣

在電影《大亨遊戲》（*Glengarry Glen Ross*）中，鮑德溫（Alec Baldwin）飾演的布雷克是個業務策略師，被派來激勵房仲士氣。他宣布：「我們這個月的業績比賽加入了一些新花樣，你們知道的，第一名的獎品是凱迪拉克豪華敞篷車。有人想知道第二名的獎品嗎？第二名的獎品是一組牛排刀。第三名的獎品，就是炒魷魚。」

經濟學家形容這種現象為「**獎品差異**」。他們感興趣的是，需要多大的差異才能強化鬥志並改善表現，以及什麼程度的差異只會讓人表現失常，甚至是為了成功而破壞規則？

一九七九年二月十八日星期天，是紐約州有史以來最冷的日子：舊福奇達到華氏零下五十二度。暴風雪橫掃喬治亞州，整個州覆蓋在四英寸的冰雪之下。華府的積雪厚達兩英尺。美國東岸幾乎每個人那天都待在家看電視。

正好，那天在舉行納斯卡（NASCAR）戴通納五百（Daytona 500）大賽，也是第一次透過電視直播全程。戴通納的溫度是華氏七十五度，但是下了一整夜的雨，使得跑道濕滑。第三十二圈時，艾利森（Donnie Allison）車子失控，讓他的哥哥鮑比（Bobby Allison）以及亞伯勒（Cale Yarborough）打滑衝進內場。亞伯勒不得不修理他的車，因而落後領先者兩圈。他在接下來的幾次黃旗期間，才追回了這兩圈的差距。

在最後的兩百圈，艾利森領先了長達九十三圈，但在最後一圈，亞伯勒緊追在後。

接下來發生的事成了納斯卡的傳奇。因為有如此龐大的電視觀眾，所以這次被認為是賽車成為全國性運動的一刻。

那一年的戴通納五百優勝者可獲得七萬三千九百美元。若是在賽道上跑了三個多小時，卻晚了一秒鐘的第二名，就少了一萬五千美元。緊跟在後的第三名，則少了三萬五千美元。（相較之下，一個月後在里士滿的比賽，優勝者只能拿到一萬六千二百七十五美元，每個名次之間的差距約為五千美元。）當然，賽車手自然是有競爭心。他們在這場最負盛名的賽事也確實會全力奮戰。但是金錢促使他們拿生命冒險求勝的程度有多大？

一九九〇年代以來，經濟學家就研究賽車的歷史資料，並總結在金錢回報高時，例如戴通納比賽，差異愈大確實會導致賽車手更冒險、開得更快，並且發生更多事故。經濟學家推斷，當時的獎金差異已經大到超越了邊際效應遞減點。他們竭盡所能激勵賽車手，甚至不只如此。

戴通納賽場上，當兩輛車快速衝上終點對側的三千英尺直道跑最後一圈，亞伯勒試圖從艾利森的奧斯摩比車後採用彈弓戰術超車。艾利森飄移兩個車道進行阻擋，迫使亞伯勒脫離賽道衝向泥地。但亞伯勒沒有鬆開油門，繼續回到賽道還撞上艾利森。兩輛車糾纏在一起，撞上第三彎道的牆。

全國電視攝影機轉到佩蒂（Richard Petty），他以一個車身的距離打敗華契普（Darrell

Waltrip）奪下方格旗。片刻之後，攝影機切回亞伯勒和艾利森兄弟，他們下車後大打出手，用安全帽互砸，怒氣衝天。賽車手從撞車和鬥毆中展現的爭強好勝，讓全國觀眾對這項運動產生了極大的興趣。

這顯然不僅僅是那一萬五千美元差距起的作用。全美大賽的炫耀本錢、在直播觀眾前奪冠的榮耀，以及納斯卡賽車手固有的好勝心，都起了作用。除此之外，被稱為「阿拉巴馬幫」的艾利森兄弟，早在一九七三年就和亞伯勒結下樑子，當時艾利森在夏洛特的全國五百（National 500）比賽之後，質疑亞伯勒的引擎不合法。然而，經濟學家關注的是賽車手多年間在賽場上冒險的模式。他們研究發現，獎金差距愈大，賽車手開得**愈快**。他們在飛速繞著賽道時不斷冒更多的險。

反過來說，獎品若沒有增加額外的現金獎勵，賽車手就不會冒同樣的險。比賽看起來不會那麼刺激，也遠不如我們心目中的納斯卡比賽那般精采。

哲學家和社會觀察家，長期都在理論化是否需要用獎金和獎品來獎勵參賽者。但這不是個理論問題，而是實務經驗問題。我們必須仔細觀察資料，研究參賽者的表現。如果參賽者真的盡最大的努力，那就不需要獎品差異。如果他們不惜作弊，那麼獎品差異可能太大了。如果競爭者有所保留而沒那麼努力，或許就需要稍微調整差距了。

PGA巡迴賽的資料顯示，在獎金更多、獎金差距更大的比賽，男性參賽者會更積極應對，他們會在狹窄的球道上冒險使用開球桿或者在五桿洞直接攻上果嶺，而不是保守地先打到安全地帶。獎金總額和差距愈大，男性就愈願意冒險求勝，獲勝的桿數也因此更低。但是LPGA（女子巡迴賽）的情況正好相反。LPGA的資料顯示，選手在最大的比賽反而會更加謹慎。女選手求勝並非靠冒險，而是靠避開風險。

LPGA的獎金相對微薄（女子賽事每場約一百七十五萬美元，男子則約六百萬美元），且完賽者之間的獎金差距也少很多。因此，女性高爾夫球選手沒那麼願意冒險也就不意外了。這會不會更讓人想關注女子球賽，是個人喜好問題。但如果希望比賽能多冒點險，就需要擴大獎金差距。為了測試這點，LPGA自己做了個實驗。一般來說，LPGA比賽的優勝者會拿到總獎金的一五%。不過，二〇一一年十一月開始，賽季壓軸的頭銜盃錦標賽（Titleholders Championship）有重大改變。在這場比賽，優勝者可以獲得總獎金的**三分之一**。這種情況在男子巡迴賽也不曾有過。變革的前一年，冠軍的成績是低於標準桿五桿。而二〇一一年，在同樣的球場上（有更高獎金的激勵下），冠軍的成績則是低於標準桿九桿。

這立刻讓人聯想起奧運，那裡激發英雄般優異表現的是獎牌而非獎金。不過奧運是四年一度，而大多數闖進奧運的人一生就去一次。奧運因為稀有性更顯光榮，如果像納斯卡一樣，一年舉辦四十個週末，可就大不同了。比賽愈頻繁，尤其大多是在同樣的場地，可供炫耀和其他無形事物的心理價值就愈低。人如果必須持續競爭，比如在職場，獎勵薪資會大大影響他們的努力程度。

有人可能會說，他們不是為了錢而競爭，工作本身就是獎勵。不過，動機鮮少只在單一層面起作用。動機有分層級，核心是內在動機——就只是為了愛而做某件事。一旦你與別人一起參與活動，超越他人便成為一種動力。要是有個有組織的競賽，那麼獲勝本身就是獎勵。獎品和頭銜是象徵性的獎勵，這些在許多情況下可能跟金錢獎勵一樣強大。獎品和獎金只是這層級中的最後一層。

人為什麼會不知道激勵自己的究竟是什麼？因為人對獎勵的認知既是無意識的感知，也是有意識的認識。荷蘭的阿特斯博士（Dr. Henk Aarts）團隊進行了許多研究，讓受試者在電腦上執行任務。螢幕上可能會出現一個圖像，告訴參與者做這項任務是否會獲得獎金。如果沒出現圖像，就不會有獎金。實驗結果顯示，參與者知道有獎勵就會更努力，甚至獎勵愈大就愈努力。這並不令人意外。阿特斯的研究令人驚異之處在於，有時獎勵的圖像只顯示十七毫秒，也就是**百分之一．七秒**。這麼短的時間根本不會進入意識層面。受試者

「以為」他們做這項任務不會獲得獎賞，但行為表現的卻是另外一回事。他們更專注、更努力，且更想贏，就像明顯出現獎勵時一樣。重點是要了解，大腦的獎勵中樞是**極其**敏感的部位，即使只接觸到百分之一．七秒，大腦也會記錄下來，甚至不需經過有意識大腦的處理。這使得人類在描述驅動自己的動機時，變得極不可靠。

同樣的，大腦的獎勵中樞分分秒秒都不斷重新調整，回應每一層的獎勵。這一秒鐘，喜悅可能是發自內在的，一秒後，動力可能是來自對地位的需求，然後又回到原點。

金錢獎勵的弊端眾所周知：有時候會取代或破壞內在動機。薪酬不公所產生的不平衡感，通常會傷害同事間的關係。而且金錢獎勵就像一台無法停下的跑步機，一旦停止支付，員工就會停止努力。

數以百計的社會科學研究支持這些論點，但往往忽略了一個基本事實。在現實世界中，人並不是受控制的受試者。他們是自由的個體，可以選擇想工作的職場，或想上的學校。他們能自願選擇是否參加比賽。重點是才華洋溢、胸懷抱負的人，往往會被充滿激勵機制與高薪的工作、學校和團隊所吸引。

雖然讓人競爭，並提供某些人超過他人的獎賞，有時會產生不利的影響，但這問題遠不及長期吸引高績效者來得重要。一個職場可以標榜平等且不競爭，但這樣會趕走傑出人才，因為他們擔心自己比別人高的價值得不到認可和回報。

稍早提出的問題是，是否可以只雇用努力、積極主動的人，然後讓他們自由發揮，不需監督或獎金來鞭策？當然可以，前提是你能找到這樣的人並留住他們，但如果不行，通常就得增加有利條件。同理，這些問題並非理論上的，而是需要實際數據來檢驗。

從這裡開始，本書將不再討論影響所有競爭者的基本因素，轉而探討影響個別競爭者表現的結構因素（生理與心理）。這包括性別差異，以及童年的家庭動力如何塑造成年的競爭心態。甚至胎兒在子宮的發育條件，也會有長久的影響。但我們先從原始碼ＤＮＡ開始，下一章要談論決定我們怎樣應對壓力的基因。

第二部
競爭的結構

「我一生都在面對嚴峻的競爭。沒有競爭，我會不知道怎麼過日子。」
——華特·迪士尼（Walt Disney），華特迪士尼公司創始人

第四章

顫士如何打敗戰士？

1 鬥志是種天賦？

發現基因組之後的半世紀，人們普遍都以為某個特徵是由一個基因負責，而別的特徵由另一個基因負責。就像染色體決定你是男是女，基因控制了一切。如果你身材高挑，那是某個基因造成的；如果你很暴力，那是某個基因造成的；如果你不喜歡辛辣的食物，那也是某個基因造成的。基因組有三十億個鹼基對，控制著人與人之間幾乎無限的多樣性。

這種特徵與基因一對一的概念，曾是基因決定論的知識與神話的核心。

但重要的是，我們應該意識到這個概念有多錯誤。極少只靠單一基因就能控制**什麼**

事。因為大部分的特性都是**多基因**的——由許多基因控制。開普敦大學講師塔克博士（Dr. Ross Tucker）解釋，像身高這樣基本的特徵其實複雜得超乎想像。我們知道身高有二〇％取決環境影響（例如飲食），八〇％則是基因決定。不過，並沒有一個負責身高的基因，也沒有十個或五十個基因能完全決定身高。

有一項研究鑑定了大約四千人的基因組，然後用個人的身高交互參照，結果發現有二十九萬四千八百三十一個不同基因對身高產生了影響。基因一同作用時確實會「控制」一個人長得多高，但沒有一個基因有絕對控制權。沒辦法打開單一的基因開關，就改變一個人的身高。

有二十九萬四千八百三十一個不同基因啊！

我們就像《綠野仙蹤》裡的桃樂絲相信魔法師奧茲控制了一切，太看重個別基因了。

有些人類特性的確是由相對小的基因群所控制。布查德博士（Dr. Claude Bouchard）研究人的心肺功能對體能訓練的反應，他讓四百七十三名志願者經歷五個月的高強度訓練，看看他們的心肺功能改善多少。

比方說，前二十四名志願者的心肺功能平均改善了四〇％。有些人說不定還能成為傑出運動員，因為運動讓他們脫胎換骨。但是墊底的二十四名志願者只改善了四％，運動對他們毫無效果。不是他們作弊沒運動，而是他們的身體不能學習和適應這些訓練。

布查德還將志願者的基因密碼排序，接著輸入電腦，尋找決定訓練反應的基因。電腦列出了二十一個基因，或者更具體地說，是二十一種遺傳變異。

擁有至少十九種優勢變異的人是高反應者，他們的心肺功能改善了二六％。有少於九種優勢變異的人，則是低反應者，他們的心肺功能平均只改善了九％。

不是每個人運動都會變得更強健，無論被迫運動多少。

再說得更清楚點，基因是如何變魔術的我們依然不得而知，目前只知道它們做了**什麼**。身高也一樣，那二十九萬四千八百三十一個基因各自做了什麼，現在的科學還無法解釋。

前述內容有助於理解本段落。本章的明星主角是一個基因：COMT。

我們將會看到COMT基因的作用，以及它怎樣運作。這個基因明顯影響人在緊張與壓力下是否能有好表現。

但就算即將揭露它的威力，也不要以為它像不需要同伴的超人，全靠自己就好。它非常重要，但別誤以為鬥志完全是由單一基因來決定。

2 心理平衡的基因密碼

艾梭羅德博士（Dr. Julius Axelrod）在一九七〇年獲得諾貝爾生理醫學獎時，正任職於馬里蘭州貝塞斯達（Bethesda）的美國國家衛生院。當時周遭都是抗議越戰的反文化和平抗議，「做愛不作戰」的口號在全國迴蕩。由於科學被用來製造炸彈和毀滅性化學武器，因此所有科學研究都籠罩在陰影之下。許多人認為，科技和科學並沒有讓世界變得更好，反而讓它變得更糟。這種觀點深深困擾著艾梭羅德。

在斯德哥爾摩的頒獎晚宴上，艾梭羅德對著瑞典王室及諾貝爾獎委員會致詞。他在講台上說：「獲得這個獎的時候，正值我們的年輕人以及許多有影響力的人認為，基礎研究無關緊要或者被用來作惡。」他感謝委員會讓他做的事能被一般大眾看見：「這給我們一個機會，證明他們得到了太多錯誤資訊和誤解。」艾梭羅德承諾，他以及與他共享諾貝爾獎的同仁們的研究成果，有天能解釋像是憂鬱症、帕金森氏症，以及藥物濫用這類疾病，「並引領治療這些可怕病症的道路。」

大腦既透過電流（沿著神經纖維）運作，也以化學物質（在神經之間）溝通。神經將神經傳導物質釋放到突觸，然後再收回這些化學物質：這種釋放與回收的過程調節了神經活動的程度。

其中一種神經傳導物質是多巴胺。近年來，多巴胺因為可以刺激大腦獎勵中樞、帶來勝利的快感而聲名大噪。

你希望大腦的突觸有一些神經傳導物質，但又不希望太多：關鍵就是要清除多巴胺，否則大腦會負荷過多，就像引擎的燃燒室湧進太多汽油。在大腦的其他區域，多巴胺湧向突觸之後，大部分會被「多巴胺轉運蛋白」送走。但在前額葉皮質就不是這麼一回事了。

前額葉皮質是計畫、決策、預測未來結果、解決衝突，以及組織思維的地方。前額葉皮質變大是我們有別於尼安德塔人之處。但這樣的演化方向，使得前額葉皮質沒有太多的多巴胺轉運蛋白。那在這個大腦的核心區域，要怎樣清除過量的多巴胺？

早在一九五七年，這個問題就是艾梭羅德解決的。

他發現了一種次級多巴胺清除分子的作用：**兒茶酚氧位甲基轉移酶**（catechol-O-methyltransferase），即COMT。COMT清除多巴胺的效率比多巴胺轉運蛋白差得多，卻要負責前額葉皮質的絕大部分工作。這在維持心理平衡的系統中，是不穩定且脆弱的一環。

艾梭羅德獲頒諾貝爾獎，就是因為發現了COMT及其運作方式。

把大腦想像成一個大型的小學，學生就是多巴胺分子。每次中間下課，教室頓時一空，學生都衝向操場。他們興奮不已，操場上的能量非常迅速就達到最高點。等到下課結束，上課鈴一響，老師必須把學生帶回教室。在大部分的學校裡，是由正式老師負責完成這個工作。但是在學校新的一側，學生有自己的操場，且由代課老師負責把學生帶回教室。這個工作對正式老師來說都不輕鬆，更別說是代課老師了。那個塞滿尖叫學生的操場非常容易超載，最終導致崩潰。

大腦中我們做計畫與決策、組織思維的區域，就是仰賴這個效率低的COMT來保持大腦持續運作——在保持警戒與不因壓力太大崩潰之間，維持適當的平衡。

不過又出現一個轉折點：一九九〇年代末期，科學家發現有**兩種**COMT。有些人身上的是辛勤忙碌的酶，有些人則是動作慢、懶散的酶。

3 戰士與顫士如何面對壓力？

讓我們用想像力來拉近鏡頭，進入我們的細胞內，在細胞核裡，順著22號染色體……

到基因座q11.21帶，位置19.93……在一長串密碼子中，有一個密碼子是遺傳密碼的片段：密碼子一五八。你如果用電子顯微鏡觀察，就會看到……

好吧，什麼都看不到，因為基因密碼無法用肉眼「看見」。密碼必須破解或轉錄，才能知道意思。

科學家在研究室將密碼轉錄成三個字母，即細胞製造單一胺基酸的指令。對某些人來說，這個密碼是GTG，其他人則是ATG。這會改變製造出來的分子。在人體中，GTG被轉譯為「建造纈胺酸胺基酸」。ATG轉譯為「建造甲硫胺酸胺基酸」。

人體製造COMT時，會根據遺傳密碼，將數百個胺基酸鏈結在一起。到了密碼子一五八，則會按照密碼的指示製造胺基酸。在那一串幾百個胺基酸中，有些人的第一五八個是纈胺酸，有些人則是甲硫胺酸。

就是那個密碼的字母，那一個胺基酸的差別，決定了你的COMT是勤勞還是懶惰。勤勞的正好是懶惰的**四倍之快**。勤勞的酶是由纈胺酸建造，懶惰的則是甲硫胺酸。

我們從父母身上遺傳到這個密碼，從父母分別獲得一條染色體。歐洲血統的人當中，五〇%的人有慢與快的組合；二五%只有快的酶；二五%則只有慢的酶。

綜合以上內容，我們可以回來談談這與緊張壓力下的表現有什麼關係。

成人大腦的新皮質裡，有二百至二百五十億個神經元和一百六十四**兆**個突觸。壓力使多巴胺湧向前額葉皮質的突觸。一般來說，你需要多巴胺，因為它是神經的增強劑，但如果太多了就會超載。

對酶運作快的人來說，他們的大腦可以應付壓力，因為酶可以除去多餘的多巴胺。而酶運作慢的人無法應付壓力，因為他們的酶無法清除多餘的多巴胺，導致大腦過度興奮，反應不過來。

目前聽起來像快酶是好的，慢酶是壞的。其實不然，這取決於你是否承受壓力。快酶運作如此快速，所以人如果**沒有**受到壓力（也就是正常情況下，正常的多巴胺流動），**酶就會清掉太多的多巴胺**。對於擁有快酶的人來說，他們的正常多巴胺水準長年都偏低，就像發動機燃燒室沒有足夠的汽油。他們的前額葉皮質會運作，但不處於最佳狀態。他們**需要壓力**（以及多巴胺），才能達到心理機能的最佳狀態，像是截止期限、競爭、事關重大的考試等等。

慢酶的運作效率雖然不佳，但只要不處在壓力下，就對人**有利**。當多巴胺保持高水準，他們的前額葉皮質便充滿了多巴胺（也就是有大量的汽油），也就能做出最佳表現。大多數時候，有COMT慢酶其實是件好事，但在緊張壓力下，額外湧現的大量多巴胺就會令他們崩潰。

所以這就是種取捨。有些人的大腦在沒有壓力時運轉得最好，但有些人則需要壓力才能達到巔峰表現。

根據進化論，兩種COMT基因型之所以能在歷史中共存，是因為這兩種基因變異在特定情況有演化優勢。我們與黑猩猩及猿類都有快酶的COMT基因——這始終存在於人類的DNA。但慢酶的COMT基因則是人類獨有，在適者生存競賽中比較晚才加入的。

它的用途是什麼？

有些學者提出，我們都是戰士（Warrior）或顫士（Worrier）。擁有快速作用多巴胺清除劑的人是戰士，隨時準備應對環境的威脅，拿出最好的表現。擁有緩慢作用多巴胺清除劑的人則是顫士，善於更複雜的規畫，並提前思考可能性與後果。戰士與顫士，都是早期人類部落生存不可或缺的。

你或許認為戰士比較好鬥、具侵略性，其實並不準確。顫士的多巴胺較多，所以情緒總是接近爆發的臨界點。他們受刺激更容易動怒，但是他們的攻擊不見得**成功**。「成功的攻擊」意思是正確解讀及理解其他人的攻擊意圖，並與之較量。顫士往往會誤以為他人有攻擊意圖，或在真正面臨攻擊時未能察覺。戰士則準備好迎接真正的攻擊。

這種情況最真實的例子，莫過於一九九四年的盧安達內戰。在二〇〇六與〇七年，一組學者多次造訪烏干達西南方的納基維爾難民營，盧安達種族屠殺的倖存者已經在那裡生活了將近十三年。學者檢測來自不同家庭的四百二十四名倖存者的COMT基因，盡可能獲取廣泛的基因樣本。正如你想像的，創傷後壓力症候群（post-traumatic stress disorder，後簡稱PTSD）在這個社群中很普遍。然而，PTSD明顯因為COMT基因型而減弱了。那些擁有「戰士」基因的人，絕大多數已經從PTSD恢復。研究人員在重建他們的創傷史後，了解到戰士只有在經歷多次創傷事件後，才會產生PTSD。至於擁有「顫士」基因的人，情況則截然不同，只要經歷一次創傷事件，就會引起嚴重的PTSD症狀。絕大多數的顫士依然有種族屠殺創傷，即使過了十多年仍未康復。

五十年後，隨著對COMT的研究進展，艾梭羅德的預言終於得到了驗證：COMT的作用，可以解釋重要的精神疾患的成因。

我們來快速回顧一下，不同基因型如何影響人（圖表5）：

圖表5：戰士與顫士之比較

戰士	顫士
COMT中是纈胺酸	COMT中是甲硫胺酸
多巴胺再吸收作用超快	多巴胺再吸收慢了四倍
在正常情況下， 多巴胺濃度未達最佳狀態	在正常情況下， 多巴胺濃度為最佳狀態
壓力會將多巴胺 增加到最佳濃度	壓力會使多巴胺 濃度超過負荷
能成功的攻擊	不能成功的攻擊
即使沒經驗， 也能妥善應對壓力	有經驗時， 能妥善應對特定的壓力
任務轉換較佳	工作記憶較佳
更能適應新事物	較不適應新事物
運作失常會導致精神分裂症	運作失常會導致焦慮
多次創傷後有PTSD	單次創傷後有PTSD

4 考場與飛機上的壓力測試

一項台灣創新的研究顯示，這種基因要素對學業表現的影響十分強大。台灣所有學生在國三時，都得接受基本學力測驗，來決定他們是否能上高中。考試題目要比美國的SAT難得多，大概和美國大學期末考差不多，還要考**兩天**。而台灣的國三生中，只有三九%能通過。競爭十分激烈且壓力極大。

為了讓**你**感受那種壓力，我們就來看看台灣學生需要懂的問題。圖表6是一題自然科考題。啊！這題目太複雜、太難了。但是考題全都是像這樣。還有圖表7的數學科難題。

天啊，我們完蛋了。那就是台灣青少年要回答的問題——這不是要上大學或研究所，只是要上高一耶！

這個創新的研究中，台灣重要國立大學的研究者從台灣四個地區，取得八百名國中生的基因樣本。藉由轉錄學生的基因密碼，分辨每個學童各自擁有哪一種COMT基因：哪些學生有慢酶，哪些有快酶，哪些又是兩者皆有。

日常學習中，顫士有優勢。拜高濃度多巴胺所賜，他們記憶和注意力較好，語文智商也較高。他們是優秀的規畫者，更擅長組織複雜的思維。不過隨著大考接近，壓力會增

圖表6：台灣自然科考題

大明取1.4g的金屬氧化物（MO）與適量的稀硫酸完全作用，反應後將溶液蒸乾，得到3.4g的金屬硫酸鹽（MSO4）。表6為各元素與其原子量，則金屬（M）應是下列何者？

（A）Mg（B）Ca（C）Fe（D）Cu

元素	氫 H	氧 O	硫 S	鎂 Mg	鈣 Ca	鐵 Fe	銅 Cu
原子量	1	16	32	24	40	56	64

圖表7：台灣數學科考題

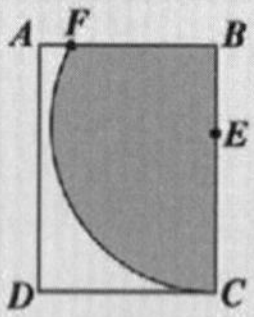

四邊形ABCD為矩形，BC=18，AB=$8\sqrt{3}$，E點在BC上，且BE=6。以E為圓心，以12為半徑畫弧，交AB於F，求圖中灰色部分面積為何？

（A）$48\pi+18\sqrt{3}$（B）$72\pi-18\sqrt{3}$（C）$120\pi+9\sqrt{3}$

（D）36π

加，花在讀書的時間也是如此。研究者張俊彥解釋道：「許多學生會補全科，幾乎每晚都去補習班。」

這種日益增加的壓力改變了學習的過程。顫士變得痛苦挫折：他們無法轉換策略，或以新角度看待事物，也難以整合新資訊。接收新指示時，容易恐慌，寧願用熟悉的方式解決問題。

來到考試那天，他們會覺得自己最近不像平常那麼出色，認為最近幾個星期大腦沒那麼敏銳，但還是覺得自己是最優秀的學生，因為在學校他們大多都名列前茅。高期望的重擔使他們更焦慮，希望自己千萬別搞砸。

結果他們考得怎麼樣？

顫士的分數比戰士低了約八％。顫士在最需要用到學習記憶的科目，表現最差：自然、社會，以及數學。

就好像考試的時候，A等生和B等生交換了位置。

張俊彥解釋：「只要一、兩個百分點的差距，就會讓你從第一志願掉到第三、第四志願。」

這些非常聰明的學生沒能進入預期的學校，僅僅因為在高壓環境中考試。他們大概都讀得很熟，要是競爭沒那麼激烈，大概都能答出正確答案。他們唯一的缺點是，由於天生擁有不同的基因型，並不擅長應付考試。張俊彥說明：「我不反對壓力。其實壓力對有些人是好事，但是台灣這種考試的壓力實在太大了。」

社會難道不該用其他壓力沒那麼大的方式，來評量學生的能力？

此處有個例子，是關於如何減輕學業測驗的壓力，並得到驚人的結果。

美國兩位社會心理學博士奧特（Adam Alter）與阿隆森（Joshua Aronson）測試一百二十四名普林斯頓的低年級學生。考題是從GRE、研究所入學考試挑出來的，因此對大一和大二生會有些壓力。為了進一步增加壓力，研究人員對其中一半學生採取了兩種作法。首先，學生在開始測試之前需要回答一些問題，包括畢業於哪所高中，以及有多少高中同學也就讀普林斯頓大學。這樣的設計意圖讓大部分的測試者覺得自己是孤立的，能進普林斯頓只是運氣好，才勉強達到入學標準。研究團隊給學生增加壓力的第二種作法，是將測試稱為「智力調查」。他們希望測試的名稱對學生有威嚇作用，讓學生擔心萬一考得不好，就會透露出他們缺乏上普林斯頓的能力。

在這種壓力下測試的學生，答對了七二%。

其他學生則沒有受到這樣的威嚇。他們的測試被稱為「智力挑戰調查」，彷彿這只是腦筋急轉彎，鼓勵他們去嘗試解決。此外，他們也沒有先被問從什麼高中畢業，這些問題安排到測試結束**之後**才提出，因此不會影響他們的表現。

這些學生答對了九〇％。

奧特與阿隆森藉由減輕學生受的壓力，讓測試成績出現一八％的差距。

有些人可能會說，現實生活充滿了壓力，如果高壓考試淘汰了無法應付壓力的學生，那或許考試正好準確預測誰在現實生活表現得更好。

這個論點的問題在於，忽略了我們所處的壓力大小，有部分在自己的掌控之內。就像普林斯頓學生的例子，我們可以根據情況調整壓力的強度。另外，還可以挑選適合自己壓力承受能力的領域。想要成為辯護律師，必須能與人爭論，而成為諮詢律師則不需要。也許有一類電腦程式設計師需要在截止期限下還表現卓越，但另一類則能出色地維持系統運轉。有一類醫生在急診室的表現較佳，另一類則在家醫科發揮更出色。但你依然可以成為律師、程式設計師或醫生。

說得更仔細一點，研究並未表明有顫士基因的人陷入壓力時，就一定會失敗。

史丹佛大學的甘迺迪博士（Dr. Quinn Kennedy）帶領的一項研究，是讓飛行員在壓力下，進行一系列六次飛行模擬訓練測試。最近，她的團隊在一百七十二名飛行員進入模擬訓練裝置之前，檢測了他們的COMT基因。

飛行員在測試中一直忙個不停，要飛到新高度和航向、切換無線電頻率、輸入新的應答機代碼，同時還要大聲重複指令做確認。劇烈的亂流使得模擬訓練裝置整趟航程都在嘎嘎作響。接著，化油器可能結冰，或者引擎油壓下降，正好又遇上空中交通打結，必須迅速避開迎面而來的飛機。降落時，還遇上十五節的側風。

據目前所知可預測，有戰士基因的飛行員能妥善處理這些混亂。他們也確實做到了。就算是只有幾百小時飛行經驗、尚未具備夜間或濃霧飛行資格的業餘飛行員，只要有戰士基因，操作模擬飛機也跟職業飛行員一樣出色。

我們還預測，有顫士基因的飛行員無法應付這樣的混亂（又也許他們根本不會成為飛行員）。

但是史丹佛學者發現的結果並非如此。

擁有顫士基因的業餘飛行員果然如預期，在壓力下崩潰了，模擬訓練亂七八糟的情況讓他們不知所措。但是飛行經驗愈多的，就處理得愈好。顫士基因的職業飛行員表現最好，壓力增加無損他們的表現，反倒基因中天賜的工作記憶和注意力優勢發揮作用，讓他們超越了所有戰士飛行員的表現。

這代表顫士**能夠**處理壓力，甚至超越戰士的表現，只要訓練他們應對特定重複出現的情境壓力。經過長時間適應壓力大的環境，便能學會如何好好表現。

飛行員與台灣國三生之間的關鍵差異，在於他們有多少經驗。飛行員在駕駛艙裡度過許多年，重複幾百次、甚至數千次駕駛飛機的壓力。台灣的學生只有一次機會，一試定終身的基測。模擬考或許涵蓋了同樣的內容，但是無法模擬實際考試當天的壓力——那一天，學生的前途懸而未定。

5 壓力對兩性的相反效果

美國神經科學家布哲婷博士（Dr. Louann Brizendine）在她的書《女人的大腦很那個……》（*The Female Brain*）中，稱雌激素是荷爾蒙中的女王：「強大、有控制力、全神貫注。有時候一本正經，有時候卻又會主動勾引人。」雌激素是最重要的女性荷爾蒙，能夠提升動力和雄心壯志。

雌激素的運作方式是被動地進入細胞，改變眾多基因的轉錄。

其中之一就是COMT基因。

雌激素對COMT基因製程的影響相當顯著。無論是哪一種基因型的女性，雌激素都會減慢三〇％的多巴胺再吸收速度。

換句話說，女性的多巴胺基礎濃度高於男性，尤其在每個月雌激素的兩個高峰期，一次是排卵前，還有一次是經期前。當加上壓力時，女性更容易超過負荷。男性和女性之間一些常被提起的差異，在壓力下會更明顯，這很可能是多巴胺濃度不同的結果。

南加大的萊特哈爾（Dr. Nichole Lighthall）與馬瑟博士（Dr. Mara Mather）做了一連串的實驗，研究壓力如何讓性別差異變得更顯著。

萊特哈爾與馬瑟給人壓力的作法，跟普林斯頓團隊截然不同。她們讓受試者將手浸入冰水中愈久愈好，最多三分鐘。這樣非常痛苦，還會觸發強烈的精神內分泌壓力反應。生理壓力不同於心理，生理壓力是在腦幹處理，而心理壓力則是在邊緣系統處理——不過一旦壓力反應啟動，結果並無二致。

萊特哈爾與馬瑟在早期的實驗中，讓受試者玩一個有獎金的冒險遊戲。遊戲的細節不重要，重點是一輪玩得越久，雖然可能賺更多錢，也越有可能突然失去那輪賺到的所有錢。為了避免這種風險，可選擇保守策略，提前結算開始新的一輪。萊特哈爾與馬瑟發現，男性和女性如果一進到研究室就玩遊戲，差異就非常小。但要是先把手浸在冰水裡再玩遊戲，差異就很顯著了。女性受到壓力後會減少冒險，做決定更慢，贏得的錢也比較少。至於男性，壓力則會提高他們的表現。他們會冒更多的險，而且是**聰明的**冒險——壓力下的男性整體做決定更快，也贏更多錢。

研究成果所顯示的，正是多巴胺／COMT研究預期的模式：壓力對男性有益，對女性卻有害。

萊特哈爾與馬瑟重做了研究，但這次是在受試者玩遊戲時，掃描他們的大腦。她們得出結論：「壓力對男性和女性有相反的效果。」對女性來說，大腦的情緒區域在壓力之後活動增加，導致決策與情緒糾結。但對男性來說，情緒區活動沒有增加——壓力反而讓他們更精打細算。

學者從進一步的研究發現，大腦後方的視覺皮質，有個區域專門處理臉部表情，解讀情緒的細微線索。女性在受到壓力時，這個區域的活動會明顯增加，但是男性的這個區域卻會受到抑制。

受到壓力時，男性的大腦會停止接收情緒線索，而女性則會尋找情緒線索。從萊特哈爾與馬瑟的研究得知，女性和男性處理壓力的方式可能不同。對女性有幫助的舒壓方式，男性可能完全無感。而冒險是競爭必不可少的部分，不同性別可能需要不同條件，才能達到最佳效果。

那麼，這項科學理論要如何應用到現實生活？

多倫斯（Anson Dorrance）擔任北卡羅來納大學女子足球隊的教練超過三十年。期間他帶領球隊拿下二十一座全國冠軍，可說是大學史上最成功的運動教練。

多倫斯的方法是完美的例證，可以說明我們討論的兩種壓力處理方式。他嚴格訓練，讓球員適應足球比賽中高速、高風險的壓力。他將訓練設計得比比賽更辛苦、更繁重，讓北卡萊羅納大學的女足隊變得像是模擬亂流中飛行的職業飛行員——對壓力習以為常，再也嚇不倒她們了。但是在當地的比賽中，競爭的壓力不是模擬而是真實時，多倫斯會非常有意識地避免增加球員的壓力。在這種時候，他就像普林斯頓的研究人員，藉由移除球員壓力來提升表現。

訓練時，他會增加壓力。比賽時，則降低壓力。

多倫斯是美國足球協會的委員，該會負責向超過三百萬名參加青少年聯賽的學生提供建議並設定優先事項。委員會中，贏球是否重要成了爭論話題。近來，認為贏球不重要的觀點占了上風。這觀點不是「自尊運動」的復興，也不是為了保護孩子，而是強調贏球會阻礙孩子學習如何傳球，而傳球是最高層級比賽必備的技能。青少年比賽中，將球直接踢向前場，比多次傳球更容易贏。解決辦法就是讓優秀的青少年球員**少參加一些比賽**，比賽少了，直接踢球到前場的次數也就少了。

由於多倫斯的贏球次數太多，自動被歸入委員會中說贏球重要的那一方。然而，他認為自己並不屬於那方。他解釋，競爭才是最重要的。球員必須學會競爭，如果只是教球員技術，並不會成功。他的成功來自於教導女足球員如何競爭，以及處理比賽中的壓力。

記者寇瑟（Tim Crothers）在有關多倫斯的書《看球的人》（*The Man Watching*）中，剖析北卡大學女足隊早年的訓練方案。一開始，多倫斯同時指導北卡的男子與女子球隊。他堅決相信訓練女生沒有必要和男生不一樣：他對所有選手一樣挑剔。多倫斯認為，幾乎所有女性球員（即使是北卡大學最頂尖的球員）都受到文化影響，不被容許把贏球看得比人際關係重要。「特別是訓練時，她們害怕競爭會破壞與隊友的關係。」多倫斯受到一名球員的作風啟發，她就是海因里希斯（April Heinrichs），是北卡訓練出的首位真正的超級巨星。多倫斯認為球隊要成功，就要將其他球員變得更像海因里希斯。

在球場外，海因里希斯非常關心團隊的人際關係，也很渴望被喜愛。但正如多倫斯對寇瑟說的，從一九八三年的第一次賽季前訓練來看，她「絕對是隻鯊魚」。她只要踏上球場，唯一的目標就是把球送進網。身為球員，她從不為了受人喜愛而犧牲贏球。當隊員向多倫斯抱怨海因里希斯的態度，他不但為海因里希斯辯護，還告訴她們：「我希望大家打球要像她一樣。」他想要的培訓方案強調，受人喜愛不重要，受人尊重才重要。

受到北卡大學籃球傳奇史密斯（Dean Smith）的啟發，多倫斯決定教導競爭的主要方式，就是各方面都時時評分記錄。每次比賽和訓練賽都有分數，而這個分數會寫下來做整季的排名。他讓選手不停比賽，一對一比賽、分組對決，好讓她們學會競爭所需的心態。這些分數會累計加總並公開告示。他發明了一套有二十三個要素的模板，從比賽每一個可以衡量的層面不斷給選手打分數。多倫斯說他是要創造「天生殺手」，因此他的訓練經常讓球員們猛烈對撞，直到不怕激烈的身體接觸。即使球員受傷了，他也要她們帶著撕裂的膝蓋、撞斷的鼻子上陣。球員都害怕每週的「恐怖星期二」，因為那天會進行讓人筋疲力盡的體能訓練。球隊的口號是「不要當愛哭的娃」，甚至練到吐在草叢都是常有的事。

直到今日，多倫斯從未放棄使用這些技巧來教導競爭意識。他的球隊就是以一種女子運動中前所未見的激進、強硬的打法而聞名。戰術上，他從來不讓女球員回防或是在球場上退讓一寸。他知道大學女球員的控球能力不足以應對壓力，所以他訓練自己的球隊縮小與對手的距離，緊迫盯人來壓制對手。

多倫斯承認，在讓球員更有競爭意識上，他的能力還是有限的：「每個人都處於發展的過程，你可以讓她們在過程中有所進步，但大多數人無法徹底改造。」

有一名被他改造也同樣改變了他的球員，就是奧福貝克（Carla Overbeck）。多倫斯最初認識她是在一九八四年的休賽季，他當時正在指導一個由十五、六歲青少年組成的區域性奧運培訓隊。高二的奧福貝克就是他的選手之一。

「我們在密西根州伊普西蘭蒂打幾場比賽，」他說：「那天晚上我接到我太太的電話，說我父親過世了。我告訴隊上的那些小朋友，父親過世時我沒有陪在他身邊而是陪著球隊，其實沒什麼關係。我父親當初不贊成我當足球教練，他一直希望我成為他公司的律師。但是當他看到我那麼熱愛這份工作，人生因此變得豐富，就改變對我的看法，並欣然接受我的選擇。我告訴那些小朋友，我父親希望我陪著他們。說完我回去打包行李，在出去開車的路上，看到房子旁邊有個公共電話。奧福貝克在那講電話，眼淚不斷地從雙頰流下。她正打電話給家人，告訴他們我的父親過世了。就在那一刻，我感覺跟她有了無比深切的連結。她對我的同理心令人驚奇，深深地印在我的心中。」

就在那一刻，他終於領悟了這些情感連結對女性來說多麼真實，而且多麼重要。

在指導男子球隊時，多倫斯總覺得如果自己太友好，那些男孩子就會得寸進尺。「如果我對他們稍微放鬆，他們就會覺得這是弱點，開始占我便宜。但對女生來說，友好代表你真心關心她們。」看到奧福貝克的反應之後，他決定以不同的方式來指導女子球隊。

多倫斯知道不需要對著女球員大吼大叫，因為更衣室牆上的比分數字給的壓力已經足夠。他開始稱呼她們的名字，至於男生則只叫他們的姓。他會讓女球員完成極為艱困的訓練，但之後會邀請球隊到他家吃披薩或香蕉船聖代。

他說：「她們不需要我強勢的個性，而是我的人性。最重要的是，她們希望我把她們當成人一樣關心。」

他還是會給她們施壓，但他的**減壓**方式更新了。他在最後一場比賽前，會送給即將畢業的球員玫瑰，而且每年球季，他會寫給球員真誠的長信，細數她們的優點。他通常會在更衣室大聲唸出這些信，讓整個球隊眼淚汪汪。在球場上，哭泣是禁忌。但是下了球場，一起大哭一場有時候正是她們需要的。

多倫斯在中場休息時的喊話，是他指導女性球員方式最具代表性的例子。多倫斯指導男球員時的代表喊話，是有次他氣到把垃圾桶踢出窗外。「我把那個垃圾桶踢破窗戶，然後衝了出去。」他在《看球的人》中回憶道：「這跟人類演化有關，我那樣做對更衣室裡的男生很有用。到了下半場，一切都變了。突然間，我們精力充沛、戰術絕佳、隊形出色，整個比賽徹底逆轉。」

他覺得，有些男性**需要**震撼讓他們清醒過來。頂尖的男性運動員太習慣參賽了，因此即使中場落後也不夠震撼。

但他絕對不會那樣對待女球員。

就像多倫斯告訴寇瑟的：「因為她們是能立刻察覺到你不高興的女生，所以她們打得差時，不需要像隻籠中虎一樣暴怒。關鍵在於語氣，只要轉過來對她們平靜地說：『好吧，你們覺得怎樣？』這時你可以聽到她們異口同聲地怪罪自己，彷彿在場的每個女生都在為災難負起全責。我沒有批評任何人，也不需要，因為她們就是對自己最嚴厲挑剔的人……等到中場喊話結束，她們願意為你拼命，因為你所做的就是支持她們。」

他只說這麼一句：**好吧，你們覺得怎樣？**這個史上最成功的教練、這個蒐集動人金句的瘋狂收藏家、撰寫感人長信的作家……他的中場喊話就是：「好吧，你們覺得怎樣？」

比賽的壓力已經是她們能夠應付的極限。在屬於他的時間卻**不**對球員大吼大叫，讓他贏得了二十一座冠軍。

那次密西根訓練營過了三年後，奧福貝克來到北卡大學，成了大一新生。第一年，她想和所有人交朋友，結果她的表現糟透了。不過一陣子之後，她對記者抱怨，她已經「受夠」看到自己的名字在更衣室牆上的名單墊底。多倫斯評論道：「有些球員在大一那一年只是試探摸索，之後才會全力投入。奧福貝克徹底蛻變，成為我指導過最有競爭力的球員之一。」

北卡大學贏得從一九八六到九四年的每一座全國大學冠軍。奧福貝克成為隊長，隨後又擔任美國隊隊長。在一九九九年世界盃（那一年查斯頓〔Brandi Chastain〕因脫下球衣慶祝勝利而出名），正是奧福貝克踢了第一個十二碼罰球。她通往世界冠軍的旅程，就從年少時同情的眼淚開始。

第五章

兩性眼中的勝算大有不同

1 何時該要積極競爭？

要探討一個人的競爭意識多高，或者問分類性的問題，例如究竟是男性還是女性比較好勝，必須先區分清楚一個人多**努力**競爭，以及一個人一開始有多**熱切**選擇競爭。極少有證據顯示女性沒有男性那麼拼命競爭；不過，卻有相當可觀的證據顯示，女性平均來說不像男性那麼輕易投入競爭，也不像男性那麼快就將局勢轉變成明確的競爭。

正如你將在本章看到的，這未必是壞事。

本章將探討男女在以下不同背景的差異：政治選舉、研究室實驗、精英學校，以及華爾街。

那是美國史上的一件稀奇怪事。第一位在國會任職的女性蘭金（Jeannette Rankin）在一九一六年當選，比憲法修正賦予女性投票權還早了四年（主張女性有權參政的蘭金可以在家鄉蒙大拿州投票，但在其他超過三十個州，女性依然禁止享有完全的投票權）。

一百年後，每次女性贏得國會席次，我們依然要為此「特殊」事件歡呼。在第一一二屆國會，每五名男性議員才有一名女性議員。儘管女性占美國人口的半數，五十個州卻有四十四位男性州長，全國一百個大型城市中有九十二位男性市長。

為什麼民選公職沒有更多的女性？根據皮尤研究中心（Pew Research Center），大部分美國人認為應該歸咎於性別歧視。他們自己會投票給女性，但是美國社會還沒有準備好選舉女性擔任更高的公職。

不可否認性別偏見確實存在。比方說，脫口秀主持人貝克（Glenn Beck）就因為參議員蘭德里烏（Mary Landrieu）投的一票，稱她是妓女。薩維奇（Michael Savage）詆毀時任參議員的史諾（Olympia Snowe）是蕩婦。國務卿希拉蕊・柯林頓二〇一一年與秘魯總理萊納（Salomon Lerner）舉行記者會，《赫芬頓郵報》（*Huffington Post*）唯一的報導，是問讀者是否喜歡希拉蕊的髮型。

但令人意外的是，一項又一項的研究都顯示，當女性出現在選票上時，當選機率與男性一樣高。她們在競選募捐中籌到的錢也一樣多。一般來說，民主黨人會投票給自己黨提名的人，無論被提名人是什麼性別，共和黨也一樣。

如果女性獲勝的次數跟男性一樣，那麼阻礙是什麼？

更根本的問題在於：女性沒有當選，是因為她們一開始就拒絕把自己的名字放到選票上。

女性參與政治的人數，仍然遠低於男性。儘管數十年一直在努力鼓勵女性成為候選人，情況依然如此。包括耶魯大學無黨派的「女性競選學校」（Women's Campaign School）在內的許多組織，都在為女性培訓，從發表有說服力的競選演說，到招募競選團隊等各方面都有。民主及共和黨也都有專門組織協助女性候選人當選。受到他們扶持的候選人都很珍惜這些努力：參議員陸天娜（Kirsten Gillibrand）認為這些計畫是她當選的要素。

不過，根據羅格斯大學美國女性與政治中心的資料，二〇一二年只有四名女性填表角逐州長。一九九四年時，這個數字是三十四。

其實，就算你深入調查那些未來有可能參選的人（律師、商人、社運者、教育家），並問他們是否考慮過參選，男性表示考慮過的可能性還是比女性多出三五％。

為什麼會這樣？選舉是激烈又艱辛的公開競爭。競爭是否有什麼地方會嚇跑有才幹的女性？難道女性比男性沒野心嗎？

美國最重要的政治策略顧問之一貝加拉（Paul Begala）深知女性候選人可以跟男性一樣強悍。一九九四年，貝加拉在參與參議員范士丹（Dianne Feinstein）艱苦的連任競選時，對她產生由衷的欽佩。儘管競選過程極為艱難，但貝加拉形容范士丹：「她從不退縮，也從不驚慌。」范士丹卻說：「我經歷過更艱困的時刻。」貝加拉知道這是真的：舊金山監督委員會委員米爾克（Harvey Milk）遭謀殺，發現屍體的就是范士丹。

范士丹的參議院同僚巴克瑟（Barbara Boxer）競選連任時，貝加拉也在旁輔佐。貝加拉對巴克瑟的堅定精神印象深刻：她從來不怕為自己的職務奮戰。

貝加拉說，這正是當選所需要的精神。

二〇〇六年，時任民主黨國會競選委員會主席的伊曼紐爾（Rahm Emanuel）請貝加拉幫忙徵召一些國會候選人。貝加拉走遍全國，會晤十多位州議員、黨工，以及其他伊曼紐爾注意到的人。在這些會面中，貝加拉尋找的是準備好攀登政治聖母峰的人，而不是希望有人穿著防風外套、背個背包就出現：「你希望他們知道溫度極冷，而且登頂路上會有很多人陣亡。」如果貝加拉察覺到對方對競選舉棋不定，就會回報伊曼紐爾應該找別人來選。

「你需要的是那種可以燃燒、燃燒、再燃燒的人。如果有一絲懷疑，那就不行。這個人選，是一早醒來會說『今天真是個好日子，來撞牆吧』，而且明天還會這麼說的人。」在法律允許的範圍內，他們必須願意不計代價做任何事。能夠做到這點的人，才會是那個贏家。

如果說到這裡就打住，我們可能會以為，女性天生就比較缺乏野心和競爭意識。但傅爾頓（Sarah Fulton）的研究徹底推翻這個想法。她設計了一個全新的方式來思考性別與競爭意識。

傅爾頓是德州農工大學政治學教授，她的研究類似貝加拉的徵召過程。她調查了八百三十五位目前在州議會任職的男女，看看有多少人考慮更上一層樓，進入國會。

州議會常被視為一個「如果進得了這裡，你就無往不利」的地方。州議員很快就知道，崇高的理念和競選承諾是如何被磨成現實的。州議會的行程表繁重累人：在委員會耗費一整晚爭論單一條文的措辭，其實不那麼光鮮亮麗。有些州議員幾乎全年開會，有辦公室處理選民服務，同時進行立法工作。其他州議會則是「兼職」，但這代表他們的議員除了在州議會的職責，通常還有另外全職的工作，此外還有持續競選連任的壓力。

安然度過一、兩任的州議員，可能就是進軍國會辦公室的跳板。根據一項分析，美國國會議員有半數先前曾任職州議會。

清楚這點的傅爾頓，對州議員提出兩個主要問題。第一，下次選舉你參選國會議員的可能性有多大？以及第二，如果你參選，勝選的機會有多少？

州議員一般都知道這些問題的答案。他們清楚自己的政治觀點與選民是否一致。他們知道自己支持的法案是得到廣泛支持，還是一意孤行。他們知道在國會競選上誰是可能的對手，也知道自己有多少競選經費。他們知道自己在州裡的政治地位，以及能否獲得所屬政黨的支持。在某些州，光憑這一點就能讓他們勝算大增。

傅爾頓分析這些州議員的反應，得出的結論是，有野心的男性州議員如果有**任何**勝選的機會，他們就會參選國會議員。有野心的女性州議員則只有在確信有**很大**機會能贏時，才會參選。

臨界點似乎是在二〇%。當勝選機率低於這個數字，幾乎所有候選人都是男性。勝選的機率若是高於這個數字，女性也會投入競選。其實，如果勝算不錯，女性甚至比男性更願意投入競選。

如果成功的機率看起來不錯，男女野心的差距就會消失，甚至出現逆轉。男性會賭微小的可能性，甚至是愚蠢的機會，但女性不會。

貝加拉曾與一個朋友索爾斯（Tommy Sowers）會面，當時索爾斯在西點軍校擔任教授。索爾斯是擁有兩枚銅星勳章的戰爭英雄，還有倫敦政經學院的博士學位。他曾在美國陸軍遊騎兵和陸軍特種部隊服役。他曾兩度派往伊拉克，參與了伊拉克的第一次選舉，並從事情報工作，還負責協調伊拉克平民的合作。

服役十一年後，索爾斯告訴貝加拉他想從軍中退役，並成為民主黨的國會議員參選人。問題是：代表哪裡？從他就讀的杜克大學，到幾個軍隊駐紮點，索爾斯有許多可以名正言順稱為家鄉的地方。而他和貝加拉都明白，他選的選區會決定他能否當選。

最後，索爾斯決定搬回童年的家鄉——密蘇里州的羅拉，並以該州第八國會選區的候選人參選。但是，第八選區可能是全國最保守的選區。這裡是林博（Rush Limbaugh）的出生地，已經有三十年沒有民主黨人贏得這個席位。現任的共和黨議員已經連任七屆，要在第八選區拿下八連霸幾乎已成定局。

面對二〇一〇年艱困的期中選舉，民主黨不太可能拿下歷來由共和黨掌握的席次。貝加拉曾試圖說服索爾斯不要參選密蘇里州，鼓勵他搬到其他有機會贏的地方。「但就是說服不了他。」貝加拉回憶道。

索爾斯還是參選了。有些人認為他是現任議員第一個真正的挑戰者，但他的民調依然落後四十點。貝加拉和其他人竭盡所能幫他，到了十一月，索爾斯已經花了一百萬美元打選戰。然而，貝加拉知道無論他們做什麼，大選日的結果都不會有一點差別。

確實沒有差別。

「他一敗塗地。」貝加拉說。

索爾斯只得到了二九％的選票。

這位戰爭英雄一直都知道這是一場必輸的戰役。雖然勝算渺茫，但那是他的家鄉。他的家人在那，他的心也在那。他寧願在那裡失敗，也不願意在別的地方獲勝。

傅爾頓解釋：「我並不是說男性沒有謀略，但女性對成本和效益更敏感。獲勝的機率大小，不影響男性參選。但對女性而言，勝率和參選意願呈現一條非常陡峭的曲線。她們對贏的可能性極為敏感。」

傅爾頓的發現改變了所有社會科學的傳統觀點。不能單憑女性參賽的次數較少，就斷言女性天生比較不好勝，而有必要評估參賽的策略層面：衡量潛在的成本、效益，與成功的可能性。

女性似乎較少參賽，因為她們只在知道自己有機會獲勝時才會參與。

傅爾頓說：「女性的思維非常有策略，且行事非常謹慎。」

一項針對德州當選法官的研究，證實了傅爾頓的發現。一項紐約州初審法庭法官的研究也是。當勝算不錯時，女性比男性更願意參與競爭（下場比賽）。

先前提到過，整體而言，女性和男性勝選的機會是相同。那麼我們該怎樣平衡這點，並解釋女性為什麼鮮少角逐美國國會議員？

現任是勝選的決定性因素。現任約有九二到九五%會獲勝，取決於那一年的情況，這個數字不會變化太多。就算是一般認為對國會現任者極為不利的二〇一〇年，還是有一〇〇%的共和黨人和八二%的民主黨人連任。總計，對現任者「很糟」的一年，代表他們還是有八七%的機會能贏，只是沒到平常的九五%。

傅爾頓評論道：「挑戰地位穩固的現任者相當冒險，甚至有些愚蠢。」像索爾斯這樣的男性，面對不可能打贏的選戰還是會參選，但女性就不會。女性反而會等到現任出現弱點（例如經濟變化或個人醜聞），或等到國會席次空缺，贏面達到五五波。她們同時還會努力增進必要的技能，成為更強大的候選人。

如果觀察其他女性勝算較大的民選公職，情況則完全不同。美國大約有五十五萬民選公職（為了更具體比較，電腦程式設計師有三十六萬三千名），絕大多數是地方政府職，也許是兼職市議員或教育委員。這些職位的當選機率較高，因此女性的占比就高很多——

教育委員會有四四％女性。不算完全平等，但已接近許多。

可以看到新的研究觀點再度明確起來。當女性確定自己有機會就會加入競爭，甚至比男性更積極。她們只是拒絕浪費時間在失敗上。

傅爾頓說：「我很意外女性考慮成功的可能，比男性多那麼多。」

2 樂觀的男人，謹慎的女人

現在是人類歷史上，男性和女性第一次這麼普遍地並肩競爭。大多數我們想要實現的積極進取、野心勃勃、大膽冒險的事，都是大家一起完成的。

但就如傅爾頓的研究表明，男性與女性的競爭方式大不同。從網球冠軍選手、MBA學生、軍隊招募新兵、《危險邊緣》（*Jeopardy!*）節目的參賽者，甚至只是在操場奔跑的孩子，他們選擇競爭者的方式都不同。他們攻擊和撤退的時機不同。他們在究竟是求勝而戰、還是只求不敗上不同。他們對風險的判斷不同，在承受壓力時更是如此。他們賦予成功與失敗的意義不同，而這又影響了他們是否選擇再次競爭。他們在緩解不斷被他人排名的焦慮時，應對的方式也不同。是否跟異性同時競爭，確實會影響他們競爭的強度。男性會將像是洗碗這種簡單平凡的事情變成比賽，而女性則在自己獨特的社交領域中競爭，這些領域是男性不會涉足的（從誰的鞋子最好看，到誰是更好的媽媽）。因此，女性覺得自己的生活跟男性一樣競爭，甚至更激烈。

研究這門科學，有時感覺就像在處理易燃物或放射物質。但最重要的是要了解男性與女性在競爭中的細微差異，並確認是什麼原因讓他們發揮最好的表現。

我們需要了解的第一件事，就是競爭代表有落敗的風險：在競爭中投入愈多（時間、金錢、情感），可能失去的就愈多。而女性（以女性政治人物為例）對這種風險的判斷與男性迥異。

就以西洋棋為例。積分達二千二百以上，代表選手是國家級大師。理論上，在這麼頂尖的層級，男性和女性選手應該沒有差別，但其實有。斯德哥爾摩大學研究超過十一年的一百四十萬場比賽，發現相較於精英男選手，女選手比較不在開局採取積極進攻的走法。女性會在最初的二十五步棋花費更多心思斟酌：她們每一步都在尋找最佳，而不只是不錯的落子。（這導致她們往往時間不夠，最後不得不匆匆落子。）女性也比較不會選擇和局，就算勝負已定，她們還是會想把棋下完。如果是篤定會贏的棋局，女性會想拿下勝利

（男性似乎會覺得無趣，或判定完成棋局所耗費的時間並不划算）。

針對《危險邊緣》參賽者的研究顯示，平均而言，碰上「每日翻倍」方格的女性會賭上當前累積金額的四〇％，男性則會賭上六〇％。賭多少金額，跟他們到這個階段表現得多好、或者之後會怎樣沒有絲毫關係。一項針對兩萬人退休帳戶的研究顯示，女性在退休基金的配置上較保守。即便是賭馬，性別差異也很明顯：女賭徒的下注金額較小，要是輸了，損失也比較少。

但是退休基金配置保守錯了嗎？在賽馬場上賭很多錢好嗎？

史丹佛經濟學教授尼德勒（Muriel Niederle）從高中起，就十分關注企業董事會裡女性代表不足的問題。她就讀的高等數學課程，男生和女生的人數相當。她說：「但上了大學，很多女生都轉攻比較文學或戲劇，而男生則全都去學工程學、數學或物理。我覺得這很奇怪。」女性是因為那些領域競爭比較激烈，所以避開較難的科目嗎？尼德勒取得哈佛經濟學博士時，認為這是個值得研究的有趣現象。

尼德勒的研究以一個簡單的實驗挑戰而聞名。實驗反映她本人的背景，她請受試者做些小學程度的簡單算術題。受試者拿到五個兩位數的加法，五分鐘內完成愈多道題愈好。為了確保他們努力做題，按照完成的題數給受試者錢：每完成一道題給五十美分。男女的表現一樣，平均完成約十題，並賺到五美元（每道題約花三十秒）。

我們來試一題看看：

$$\begin{array}{r} 45 \\ 93 \\ 26 \\ 81 \\ +69 \\ \hline \end{array}$$

接著，讓兩男兩女同坐一室，讓他們再做一次任務。這次唯一的變化就是贏者全拿，解最多題者每題可得二美元。在這種情況下，尼德勒的受試者很像崔普雷特那些操作競爭機器的小孩，他們變得更努力，平均完成了大約十二題。男與女這次表現又是一樣好。但沒有人告訴他們誰贏，而獲勝者也還沒有拿到那二十五到三十美元。他們必須在不知情的情況下繼續第三輪。

第三輪也是最後一輪數學挑戰，他們可以選擇：是希望像第一輪一樣按照題數拿錢？還是他們希望再來一次贏者全拿的比賽？

儘管在前一輪，男女的表現一樣好，但出現了一個驚人的差距。男性有七三％，但女性只有三五％想參加贏者全拿的比賽。

尼德勒一再複製這個實驗，現在也有許多其他學者採用她的研究方法。她說：「數據十分清楚，差距非常大。」

乍看之下，好像女性害怕在分勝負的情況下競爭。在報導尼德勒研究成果的約三十篇新聞報導中，這點經常成為標題。但是如果理性思考一下，贏下那輪比賽的機率是四分之一。無論是哪一個玩家，都非常有可能輸掉比賽一無所獲。對於數學能力一般的人來說，理性的選擇就是不參加比賽。

除了對自己數學能力有信心的人，應該參加比賽並爭取四倍獎金，不然按題支付的預期報酬是比較高的。

想參加比賽的那七三%男性，腦子裡想的有兩種可能：

1. 他們知道自己很可能輸但不在意，因為希望別人拿到那二十五元的獎金。
2. 他們誤以為自己很有機會贏。

這裡不是烏比岡湖。那七三%男性不會都比平均聰明——意思是有很多男性誤以為自己會贏。

相較之下，女性更能清楚判斷自己的能力。大多數女性沒參加比賽，是因為看出這是場會輸的賭注。倒不是女性天生迴避風險，而是她們能夠準確感知風險。女性不是害怕競爭或不喜歡競爭，而是更善於認清自己什麼時候會輸。

男性才是沒有真正認清可能性還過分自信的人。他們大多以為自己會贏，無法抗拒參賽的衝動。

尼德勒指出，即便是那些擅長數學的女性，再贏一場的機率很高，還是會猶豫是否要參賽，甚至有些過於謹慎。

不過，要讓女性多參賽不用太費事。最近的研究中，是以ＭＢＡ學生來複製經典的尼德勒實驗。唯一的改變是在實驗之前，ＭＢＡ學生需填其中一種問卷：一種是問他們的性別與家庭，以及有幾個小孩；另一種是問職業規畫相關的問題，像是畢業後期待的薪資等。填家庭問卷的女學生不太願意參加第三輪的比賽。填職業問卷的女學生就沒有這麼猶豫，甚至想參加的人數比男學生還多。

想讓女性參與競爭，需要讓她們置身在競爭與成功密切相關的社會情境中。

當女性選擇公然競爭，似乎比男性更能適應環境。正如在下一小節會看到的，關閉競爭意識的能力，跟打開的能力一樣重要。

3 有限與無限賽局的贏家

家長送孩子上精英學校時，通常都知道可能會有的缺點：精英學校是個競爭激烈的大悶鍋。萬一我的孩子跟不上怎麼辦？讓孩子置身在這麼多高成就者中，這種溫室環境會不會太超過？家長常常會思考，自己的孩子去上招收更多元學生的好學校，是不是也能表現得一樣好。

西北大學教授傑克森（Kirabo Jackson）就發現，女生應對溫室環境的方式與男生不同。女生在這些環境中往往表現得更加出色，而且學校愈精英，表現得愈好。

男生則未必。

第一個證據來自他在加勒比海小國千里達及托巴哥共和國進行的研究。傑克森取得二〇〇〇年該國所有小學五年級生的資料。當地的學童幾乎都就讀於仿照英國制度的公立學校：要不就是政府學校，要不就是「政府協辦」學校，例如教會學校。從最精英的大學預備寄宿學校到職業學校，每一所學校都被列入排名，而且排名會廣為公開。

傑克森將學生在五年級的全國測驗成績與他們在十年級的成績進行比較，並留意他們中間這五年上的中學排名。上排名高的學校，真的會進步得最多嗎？

他建立並用模型運算所有數據後，心想：「我一定是算錯了。」但從頭開始再算一次，結果還是一樣。他發現，男生和女生上精英中學的結果不同：「男生似乎更容易感到挫敗」。

傑克森指出，上最精英學校的男生，數學成績反而下降了。如果去上稍稍輕鬆一點的學校，**數學應該會學得更好**。傑克森進一步觀察單一性別學校時，這個趨勢又更明顯了。

傑克森不免好奇，男生應對精英競爭環境是否真不如女生？男生不是應該比女生更有競爭意識嗎？

傑克森開始問朋友和其他研究人員，他們持續進行的研究有沒有看到類似的模式，即男生在比較競爭的環境中會受到負面影響？

他收到來自世界各地的研究論文。

有一項研究追蹤中國一所頂尖大學的兩千一百三十四名學生。中國的大學會為學生分配宿舍：同樣的三、四人在校四年都共用一個非常狹小的房間。研究人員長期追蹤，結果發現最優秀的女性成為室友的「啟明星」。久而久之，她拉高了室友的成績。但是最優秀的男性室友卻正好相反，他的存在似乎一年比一年壓低了室友的成績。男性非但沒有受到高成就宿舍室友的啟發，「反倒似乎因為最優秀的同儕而消沉沮喪。」

英國研究人員分析英國公立學校一百三十萬學生的成績後，得到類似的結論。那些「前五％」最優秀的男生，對於排名略低於他們的男生往往有負面影響。全國前一六到二〇％的學生，如果去人才濟濟的精英學校，學習進展不如就讀稍微容易一些學校的同儕。成績相同的女生則沒有這種影響，她們去上頂尖學校反而會獲益。

第四個研究來自哈佛、耶魯，以及達特茅斯學院的研究人員，他們追蹤透過公立學校抽籤獲得特許學校名額的學生。如果你看過《等待超人》（*Waiting for Superman*）之類的電影，就知道這些特許學校被當成通往大學之路的救星。研究主要針對美國南方的赤貧兒童。正如預期，抽中名額並上了第一志願特許學校的女生，上大學的可能性增加了。但是**沒有中籤**的男生（沒有上他們夢想的特許學校），比**中籤**的男生更有可能上大學。

結果真令人震驚。上了特許學校的眾多男生，高中時一定哪裡出了錯。

這些研究人員起初都對他們的發現困惑不解，甚至懷疑數據的準確性。但是把這些論文放在一起看，傑克森發現每一篇都相互印證，全球呈現出一個清晰的模式。

傑克森回去鑽研自己的數據。他發現學生如果上了精英學校，有兩個主要因素會影響表現。第一是「資源效應」：精英學校有優秀的教師、規劃適合的課程，行政人員每年也會協助學校提升。第二是「競爭效應」：其他頂尖學生的存在，督促彼此更上一層樓。

對女生而言，兩個因素都有助學習和表現。但對男生而言，這兩個因素互相衝突，且往往互相抵銷。資源效應提升表現，但競爭效應使處於劣勢的男生落後。傑克森補充：「在大池塘裡當一尾小魚，對男生來說特別糟糕」。

傑克森總結：「如果是女兒，我會盡可能讓她去最好的學校，和最聰明的同儕在一起。如果是兒子，應該送他們去有好老師的學校，但應該要小心過度競爭的環境。」

再想想空軍學院軍校生的實驗：劣等生被放在有高成就者的中隊，結果適得其反。空軍學院有**八二%是男性**。

空軍學院實驗的諷刺之處在於，全男性的環境，反而掩蓋了這是男性的結果。難怪實驗結果必然會失敗：**較弱的男孩在面對成就更高的同儕時，當然無法表現得很好**。

這到底是怎麼回事？

這不像當初看來的那樣，代表男生競爭落敗了。而是說明當**過度競爭**，總透過贏家與輸家的視角來解讀世界，心態會變得疲憊。

入學時，女生往往就清楚意識到，自己大概再也不會是最優秀的一員。男生則很少會想到這個風險，大部分還是信心滿滿，沒意識到將面對什麼挑戰，於是措手不及。而傑克森推測，落後的男生往往會難以開口求助，因為不想承認自己遇到問題；女孩則會求助並得到支援，重新跟上大家。

大部分的競賽是在一段明確的時間進行，比如足球是六十分鐘。比賽結束後，參賽者可以放鬆將比賽拋在腦後，將自己從比賽的表現抽離出來。但在精英學校卻不是這樣，成績的比賽沒有盡頭。那不只是一場比賽，而是生活。競爭不僅為了獲勝，有時更為了生存。遊戲輸了還可以重整旗鼓，但是生活中日復一日的失敗，就是無法逃脫的折磨。

正如卡斯的解釋，**有限**賽局有開始、結束，以及明確的目標，比賽與比賽之間可以休息恢復。**無限**賽局，按定義來說永不會結束，而且因為沒有宣布獲勝者，目標就成了保持領先。無限賽局沒有休息，只有競爭強度的增減。

證據顯示，在無限賽局中，女性比男性更能生存。因為女性**不會**一直關心輸贏，所以能蓬勃發展，是更成功的競爭方式。

這些例子都是來自學術環境。不過遠離精英學校的溫室環境，到了迥然不同的地方，例如辦公家具經銷商，這個模式依然存在。

一家大型全國辦公家具連鎖賣場打算測試看看，讓員工知道自己的全國業績排名是否會有激勵作用。結果完全沒用，得知自己排名的人，接下來兩年賣出的家具少了二六%。但這種下滑趨勢有性別差異：幾乎所有業績下降的，都是覺得失望難過的**男**業務員。男性更喜歡舊方式，想著自己是地方第三或第四優秀的業務員，而得知自己排全國第兩百三十九名就被擊垮了。女業務員則不受全國排名打擊，雖然知道排名，卻沒那麼關心。

4 老想著勝算，誰都贏不了

我們再回到男性往往過分自信，並以為自己的勝算比實際高的發現，這可以看作州議員是否競選國會的研究室版本。女性對勝算很敏銳，男性則善於忽略勝算。

這種樂觀的傾向是否也出現在現實世界的其他地方？例如在華爾街這種需要準確判斷風險的產業？女性金融分析師的表現和男性有差異嗎？

直覺來說女性表現當然不比男性遜色，不然恐怕有性別歧視。女性在一九八〇年代大舉進入華爾街，當時投資銀行開始從頂尖大學和商學院招募人才。女性試圖拿下這些人人稱羨的高薪工作（二〇〇六年，華爾街股市分析師平均年薪為五十九萬美元）。

一九八〇年代，股市分析師中八％是女性。這個數字在一九九〇年代一路上升，二〇〇一年達到高峰二〇％。此後，女分析師的比例就開始下降，直到一六％。是女性的表現不理想嗎？

如果我們說，情況正好相反呢？根據統計，女性金融分析師的表現超過男性，而且差距頗大。難道華爾街一向自豪是最大的金融市場，但因發展錯方向，實則是個沒有效率的**勞動**市場？

德州大學麥肯商學院的庫瑪博士（Dr. Alok Kumar），讀到女性是否比男性財務長更善於理財的研究，開始對性別與財務預測產生興趣。研究顯示女性財務長確實比男性表現更好，但是這數據規模不足以得出定論。為了取得更多數據，他找上湯森路透的機構經紀商預估系統（Institutional Brokers Estimate System）。這裡有一九八三年五月到二〇〇六年六月，每位華爾街分析師的所有財報預測——由一萬八千二百九十二位分析師就負責的二萬一千一百零七支個股，發出總計二百八十五萬六千一百九十八篇預測。這些預測不是針對「買進賣出」的評等，而是預測每家公司在未來季度財報的每股盈餘。在這些預測中，女性分析師做出的預測占一六％。

庫瑪首先發現，女性分析師的表現超越男性：她們的預測**準確率高出七・三％**。女性也比較不會「從眾」，即為了避免爭議或過度突出，將預測數字集中在產業平均值附近。她們也不會只因為其他分析師都修正數字，就跟著修正預估。整體而言，女性的預測其實比男性更大膽，而且就算工作的資歷較少，依然能有此表現。

在二〇〇〇年之前，許多華爾街的分析師會從財務長祕密得知獲利預測，輕輕鬆鬆拿到內部獨家消息。這種情況在證券交易委員會制定公平揭露法規（Regulation Fair Disclosure）後結束了。另外，在二〇〇三年，一項全球性協議甚至阻止股市分析師在沒有法遵人員在場時，與公司內的投資銀行家交談。很重要的一點是，庫瑪的資料集包括了在這些法規制定後做的數十萬筆財務預測。在法規變化的前後，他的發現都同樣成立。

庫瑪核對後確認，女性不僅在女分析師比例較大的產業表現勝過男性，例如服裝產業，有四〇%的財務預測是女性做的。股票通常分為四十八個產業類別，其中，男性分析師只在十五個產業的表現勝過女性。女性分析師在三十三個產業都超越男性。

庫瑪開始對另一個問題產生興趣：如果女性更善於財務預測，那市場知道嗎？

一九七〇年代，《機構投資者》（*Institutional Investor*）雜誌開始評選全美研究團隊，宣稱某些股市分析師是「明星隊」。雜誌的明星隊不斷擴大，如今每年會提名超過三百名分析師。二〇〇六年，「明星」分析師的平均薪資是一百四十萬美元。庫瑪發現《機構投資者》肯定了女性的能力。明星隊裡女分析師的比例高於市場，而且還是其中表現最佳的。

然而，業界讚揚女明星分析師，卻未能承認，**普通**女分析師的能力，其實已相當於男明星分析師了。

接著，庫瑪在一項更加複雜的分析中研究，在分析師修正獲利預測之後，市場如何反應。她發現，女性分析師修正之後，股價出現更多波動，顯示華爾街信任女性分析師多過男性。

那麼，如果女性的表現較好，金融市場私底下也知道這點，為什麼女性只占華爾街分析師的一六％？為什麼這個比例還在下降，而不是上升？因為華爾街其實是個沒效率的勞動市場。女性的聘用不足，只有最優秀的才能加入。另一方面，卻有很多能力不足的男性獲聘，他們做著不擅長的工作，卻坐領幾十萬美元的高薪。

自從庫瑪在二〇一〇年發表研究後，類似的研究在歐洲也得到了驗證，主要針對買進賣出的建議。（結論是：如果有女性建議你賣掉股票，一定要聽她的）還有研究探討女性在審計委員會和公司董事會時的情況。大體的模式顯示男性會帶公司冒更多風險，但女性在預測方面更精準，也更善於讓公司避開麻煩。

有時候很難說這樣到底是好是壞。避開麻煩是好事，特別是對大公司而言，但是身為創業者就是要冒險。

問題依然懸而未決——女性善於計算風險，最終是否對自己有利？當然，男性和女性在決定加入一場競賽時，都會計算風險和回報。但是女性通常聚焦在機會，男性則更聚焦在能贏得什麼。

研究人員發現，愈是聚焦在獲勝的機率，就愈不可能去嘗試。但若是愈聚焦在成功會贏得什麼，就愈有可能努力去爭取。排隊買威力球彩券的人不會想著中獎的機率是一・九五億分之一，而是想著可能帶走的一・九五億。寫劇本的人不會想著可怕的機率（每年註冊的三百六十三本劇本中，只有一本會被買下），他們想的是在銀幕上看到自己的故事。來到開羅解放廣場的埃及男女，也不是因為相信有可能成功才決定行動，而是為了爭取自由。

或許這個世界需要更多索爾斯。索爾斯雖然沒有當選，但別忘了賈伯斯的成功機率其實也沒多高，卻成功了。世界需要那些願意奮力一搏的劣勢者，如果老想著勝算，永遠也成功不了。

貝加拉最喜歡的電影場景是《阿呆與阿瓜》（*Dumb and Dumber*）裡，金・凱瑞（Jim Carrey）飾演的角色問蘿倫・荷莉（Lauren Holly）飾演的角色，他們發展戀情的機會有多少。

「不多。」荷莉回答。

「不多，是……百分之一？」金・凱瑞問。

「比較像是——百萬分之一。」蘿倫．荷莉回答。

金．凱瑞靜默了一會。

接著他興奮地尖叫：「所以你是說我還有機會。」

「這就是我想要的人，」貝加拉解釋：「這種想要百萬分之一機會的人最吸引我。」

如果我們想要更多人願意努力爭取，那麼問題來了，是什麼原因讓人一開始就比較有競爭意識？早年的生活有什麼力量在作用，使人能坦然面對輸贏，敢於迎接挑戰，並在落後時不放棄？下一章，我們就來探討這個問題，即點燃（或熄滅）鬥志的底層機制。

第六章
枕頭大戰，比你想得更重要

1 不打不相識：跟競爭對手合作

小說《蒼蠅王》（*Lord of the Flies*）於一九五四年九月首次出版。儘管內容令人膽寒，但是知道這是一本虛構的作品，實際上也沒有一個名叫「小豬」的孩子在森林中遭受折磨，讀者多少能得到一些安慰。

不過在出版的三個月前，小說劇情的現實生活版，就在羅伯斯山洞州立公園上演。距奧克拉荷馬市三小時車程的地方，真的有個叫「小胖」的男孩，正在為保護他在森林裡的小角落而奮戰。

小胖的夏天不像小說開頭有飛機墜毀那麼戲劇化，只有巴士在公園的營地放下十二名男孩。這些十一歲大的男孩彼此都不認識，但是隨著在營地自由活動，迅速建立起友誼。幾個孩子因為想家而離開夏令營，剩下的孩子也因為想家哭了。但大致來說，這些自稱「老鷹隊」的男孩玩得很開心。這個夏令營絕對值得每個家庭付的二十五美元：老鷹隊員健行、打棒球、烤肉、划獨木舟、探索山洞，甚至包括強盜傑西．詹姆斯（Jesse James）曾藏身的洞穴。這些男孩並不知道，他們是一場精心設計的心理實驗中不知情的實驗對象。

從小屋的裝飾到提供的飯菜，夏令營的一切都是巧妙的安排，就為了測試陌生人是怎樣形成團體，以及團體怎樣變成敵人。夏令營的輔導員其實是心理學教授與研究生。首席研究員奧克拉荷馬大學教授謝里夫（Muzafer Sherif），假扮成清潔工來觀察事件發展。

男孩花了一段時間建立友誼後，發現不是只有他們存在：另外還有一間小屋住著一群男孩，「響尾蛇隊」。隔天，他們無意中聽到響尾蛇隊在玩遊戲。老鷹隊的威爾森，立刻開始對著看不見的響尾蛇隊大聲辱罵。

在碰面之後，他們仍繼續用種族侮辱來挑釁對方，但其實夏令營的學生幾乎都是一樣的金髮，出身背景和能力也相同。威爾森就成了響尾蛇隊口中的「小胖」，但是威爾森對響尾蛇隊迅速產生的憎恨和猜疑，提高了他在老鷹隊裡的地位。他成了小屋裡最有權勢的孩子之一。

為了催化兩隊之間的仇恨，謝里夫安排了小屋之間的比賽，例如拔河、搭帳篷、體育競賽，以及尋寶遊戲。儘管根本不需要策畫活動，衝突自己就爆發了。

短短幾天，事情就失控了。老鷹隊偷了響尾蛇隊的隊旗後燒掉。在公共食堂裡，每一餐都成了食物大戰，而且不是鬧著玩的。他們打算傷害對方：開始蒐集石頭準備丟人。小胖和其他人則在策劃接下來的行動。不過幾天，孩子們開始闖入另一隊的小屋，偷走和破壞對方的貴重物品。互罵進階成拳腳相向，直到研究人員為了安全起見，必須將兩隊分開。

然而，等到小胖搭上回家的巴士時，老鷹隊和響尾蛇隊已經放下他們的分歧。他們坐在一起，說笑玩鬧。小胖已經和孩子們建立了深厚的感情，都不想回家了。他希望跟大家一起留在營隊。

從失控到巴士上的友好，這之間發生了什麼事？

在夏令營的比賽過程中，孩子們如此投入競賽，一部分是因為沒有明確的贏家：每個小屋都有機會壓倒對方。男孩們不知道的是，謝里夫的研究團隊始終在操縱各項活動，好讓每場比賽都勢均力敵。他們打算讓孩子們感到挫折，就會為了贏更加拼命。

不過，就在比賽結束時，營地的儲水槽壞了，所有的孩子都得幫忙修。幾天後，營地的一輛貨車拋錨，孩子們試著弄清楚怎樣讓車子移動。絞盡腦汁之後，想到用拔河的繩子來拉車。之後，孩子們同意把故障的貨車送去修理，這代表回程時，他們所有人得搭同一輛車。後來，營隊舉辦夏令營電影之夜，卻付不出租影片的錢，於是他們一起商量分擔的金額，湊足了差額。

漸漸地，努力讓夏令營活動順利進行，變得比老鷹隊或響尾蛇隊的身分更重要。男孩們的好勝心不再導致仇恨，轉變成友善的對抗，甚至漸漸尊重起另一隊。

一切都如研究人員的計畫。因為引導孩子們合作的活動，也和引導他們爭鬥不休的活動一樣，都經過精心設計。

謝里夫進行羅伯斯山洞實驗時，第二次世界大戰仍記憶猶新，韓戰停戰協議剛簽訂不久。美國南方正開始拉起民權運動的戰線。有鑑於此，也就不意外所有人都將焦點集中在謝里夫實驗的前半段：它證實了所有人最深的恐懼。人類，即便是年幼的孩子，也天生會拉幫結派。要讓各群體開戰，只需要知道有對方的存在。

不過，謝里夫的重點和高汀不一樣。謝里夫認為自己的研究價值，不只是一則駭人的警世故事。

謝里夫相信團體間自然會有競爭，但羅伯斯山洞並不是以原始競爭狀態為背景的黑暗童話，而是社會環境如何塑造競爭與競爭意識的故事。羅伯斯山洞提醒人，競賽為什麼要訂規則：因為規則限制了不當行為，並設定行為的必要界限。

謝里夫的研究成果真正的重要性，是告訴我們如何將團體凝聚在一起，為了追求共同的目標，可以將對立拋諸腦後。

2 贏得地位，或贏得友誼

雖說男生未必都在羅伯斯山洞型的環境長大，但男性的大部分人生，確實都是在團體之中度過。

相比之下，女性則大多是成對活動。

這或許解釋了競爭意識的性別差異。群體歸屬感或許是男性**比較常**競爭，但卻**比較少**考慮結果的原因。而女性在競爭前必須超理性且確信能贏，背後的原因或許就是成對活動。這兩個社會結構或許解釋了為什麼男性敢於冒險，而女性卻謹慎退縮。

哈佛演化生物學家貝能森（Joyce Benenson）推論，社會結構中的性別差異至少可追溯至狩獵採集時代。男性成群結隊狩獵和劫掠，為了成功，也為了存活，必須快速結合成團體。貝能森認為，透過自然淘汰，男性必定會養成一些生物因素，容易促成男性的群體歸屬感，而女性則天生傾向建立一對一的關係。

就算是六個月大的男嬰，也偏好團體的圖像勝過個人或雙人的圖像，女嬰則沒有顯露出這樣的偏好。對學齡前兒童的觀察研究發現，學齡前女孩參與兩人一組的活動，是男孩的兩倍之多；男孩成群玩耍的可能性則是女孩的兩倍之多。到了差不多五、六歲，男生至少是三人成群一起玩，這在研究人員看來似乎早可預見。在一個實驗中，兒童在遊戲室裡可以自由互動，六歲的男孩有七四%的時間用在團體活動，而女孩只有一六%。女孩更多是兩個人一起玩，而雙人一組互動的時間是男孩的兩倍。

而在團體之中，男孩們會打鬧玩耍並爭著當最棒的，女孩則是玩需要大家輪流的遊戲。隨著孩子長大成人，這個男性以群體方式社交、女性則成對社交的模式依然存在。

團體的友誼往往是由共同的利益或活動而產生，通常是一場比賽或其他競爭性活動。無論具體細節是什麼，團體會出現集體認同，讓大家有一致的目標。

團體很少是完全對等的人聚在一起。一般認為在一個團體內，成員會有不同的經驗、能力、資源，這通常就是團體最大的優勢。因此，只要每個人都認同團體的大目標，就不需要在其他方面完全一致。大家可以在團隊的位階中找到自己的角色（湯姆是班上的活寶，喬治是統籌等等），這實際上促進了每個人發展個性。貝能森說：「只要你覺得自己有獨一無二的東西可以貢獻……如果男生感覺有什麼可以獲得別人重視的，就有一席之地。」

偶爾挑戰團體的位階也是可以接受的，這會促使所有人不斷進步。你在週三晚上的撲克俱樂部一直是最弱的玩家，促使你努力鑽研新的下注策略，好成為頂尖高手。

在團體中自然需要有主見的溝通方式，因為聲音夠大才能被聽見，想獲得關注多少需要自吹自擂。

人數多時，真正的安全感並不是來自意見一致，而是容許大家爭辯。兩個人對話時，就算是一點意見分歧都可能被看作在針對人。在一群人中，則可以表達不同的想法，卻不會有過度衝突的感覺。

如果團體成員間真的發生爭執，其他人可以當中立的調停者。（「我知道你受不了史帝夫了，但我們都是來這裡打籃球的，所以現在閉嘴，傳球。」）起衝突的人也可以將焦點轉移到其他成員，直到緊張關係緩解，因為團體會提醒成員，團隊整體有其價值：團體的目標比任何一個週日的比賽更重要。

最後，團體確實會鼓勵在日常活動中競爭，而且在這些競爭中，輸了通常也沒有實際損失。貝能森解釋，就算搞砸了，團體依然將你視為完整的資產，肯定你的貢獻，並希望你待著。既然無論結果怎樣，你下個星期還是會和大家碰面，那為什麼不勉力一試？

有時團體會教我們怎樣競爭，然後不管是輸還是贏，又該怎樣繼續前行。

再對比從兩人組的友誼中學到的經驗。

兩人之間的友誼除了友誼本身的價值，沒有更大的目標。團體雖然會接受個別差異，但在兩人關係中，重點會放在尋找共同點而壓抑差異，因為朋友最好平起平坐。

兩人關係要成功，取決於彼此情感的交流、共同的過往與經歷。在實驗中，兩人的交流比較少有衝突，即使是初次見面的陌生人，也不會表達相反的意見，而會努力找出一致的觀點。

兩人關係是平等，甚至是反位階的。兩個女孩應該對友誼做出同等的貢獻，打破這點是很大的違規。（「我總是陪著你，而你卻從來不在我身邊。我們還算是朋友嗎？我只覺得被利用。」）其實，女性更有可能在只發生一次破壞關係的事件後，就攻擊起先前認為值得信賴的朋友。

由於兩人沒有更大的目標，或者中立者調解爭執，兩人的關係原本就比團體的關係更脆弱，因此長期下來比較不可能成功。

意識到關係的脆弱，兩人組必須自我監督：成員必須十分敏銳地體察對方的感受和需求。他們不會想做出或說出讓人以為想在關係中展現優越的行為。兩人組正常的對話風格不是吹噓，而是自我貶抑。

兩人關係固有的設計就會阻礙競爭，想競爭就是想傷害彼此的關係。

如果這是你對人際關係的參照標準，那就不意外女性在競爭時需要十足把握。因為若競爭代表冒著失去摯愛關係的風險，那最起碼回到空蕩蕩的家時，手裡要捧著獎盃。

因此，兩人組的經驗就是：競爭會破壞關係。

根據貝能森的研究，女性在較大的團體中不會更開心。她們不會把多的人視為資產，而是對兩人親密關係的威脅。新來的人甚至可能奪走女性最親密的友人。因此，為了保護關係，女性可能會先排斥他人。即使新人的優勢不明顯，也足以讓女性展開社會排斥。

貝能森在實驗中發現，女孩會保持與同儕平等的地位，當被迫建立位階制度時會覺得難受。女孩在等待比賽結果時會焦慮，男孩則享受那種期待的心情。當需要選小組領袖時，女生會掙扎，對男生來說卻不是問題。

青春期的少女想到有朋友的成績比自己好，或者朋友有男朋友而自己沒有，會覺得困擾。但問題是，如果自己是成績比較好或有男朋友的那個人，她們同樣也會困擾。

貝能森在一次實驗中，找男孩和女孩做字謎比賽。每個孩子都有一串字要完成，但有些孩子是兩人一組，有些則組成團體。

兩人一組的男生表現不理想，在他們互動的錄影帶中，貝能森看到男孩們立刻就察覺到兩人的位階高低。如果謎題比較難，成績較差的男孩會覺得尷尬挫折，還會打擾同伴作業，最後索性放棄，在房間裡走來走去到結束。

但是團體中的男孩卻表現傑出。有些人堅信團體之間有比賽（但其實沒有），所以必須彼此幫助，確保自己的團隊名列前茅。

女孩則正好相反。女孩子在雙人組的表現比較好。她們專心做題，還會互相幫助，但只有在對方求救的時候。

而在團體中，女孩沒那麼投入，解決的謎題也較少。貝能森分析發現，女孩的重點不在解謎，而是先花很多時間在團體內建立友誼。她們會等到其中一人給其他人定下標準，才會開始動手：她做多少，其他人也跟著做多少，這樣就沒有哪個人特別顯眼或者尷尬的風險。

換句話說，即使在團體之中，女孩依然遵循兩人一組的規則。

3 出生排行與冒險精神

約翰・華格納（John Wagner）一八七四年出生於匹茲堡附近，在五兄弟之中排行第四。成長過程中，兄弟幾人會在三月到十月的晚上打社區棒球，通常是一家人為一隊。約翰動作笨拙且有O形腿，他的德裔父母按照習俗，給笨小孩取小名叫漢斯。在現今卡內基行政區、孩子玩耍運動的空地上，漢斯得打哥哥們不要的位置。他在本壘板上很沒力，只能勉強打出一壘安打，然後學著盜壘。

到了十二歲可以工作時，漢斯跟著父兄去煤礦場工作，每噸煤的工資是七十美分。閒暇時，兄弟們繼續打棒球。到了一八八〇年代末期，漢斯的哥哥艾爾（Albert Wagner）帶著他們的業餘球隊，去阿利根尼縣聯賽打球，漢斯負責幫哥哥帶裝備。艾爾是家中最優秀的人，也是地區裡最有前途的人之一。排行中間的路克（Luke Wagner）也很傑出。

一八九〇年代，匹茲堡不斷有小型的職業棒球聯盟成立，又在不到一年的時間內倒閉。在新成立的州際聯盟中，艾爾成為首位簽到俄亥俄州斯托本維爾球隊的球員。隔年，巴洛（Ed Barrow）這位球隊總教練從球探那裡聽說華格納兄弟。他認為艾爾是潛力新秀，但艾爾是出了名的不受控。巴洛去了華格納兄弟當地的撞球房找他們，得知他們在鐵路車場比賽投球。

巴洛在他的自傳《棒球生涯五十年》（*My Fifty Years in Baseball*）回憶：

> 我走過去找他們，走近一眼就看到廂型車裡那個年輕人，戴著德比帽，上面插著一根雞毛。他太顯眼了，那雙O形腿和長手臂，走路慢吞吞，步伐笨拙……他甚至不知道自己想不想打球。我們談話時，他不時會彎下腰撿起一塊煤或石頭，丟到鐵路軌道上。他丟擲的動作很流暢，幾乎不費吹灰之力，我看著石頭飛過幾百英尺落到軌道上時，就知道一定要把這個人納入我的球隊。

艾爾、路克，以及漢斯最後都去了小聯盟打球，艾爾甚至有一年上了大聯盟。然而，他們的小弟漢斯，那個白天要工作，只能每晚在空地球場上努力爭取一席之地、人稱「何納斯」的約翰，後來卻成了棒球史上最優秀的球員之一。在貝比．魯斯（Babe Ruth）和泰．柯布（Ty Cobb）出現之前，「何納斯」華格納是最優秀的棒球野手，生涯二十一個球季，打擊率〇．三二七，被視為那個年代最傑出的游擊手。

但是他真正脫穎而出的是在跑壘方面。一八九九年八月，在對上紐約巨人隊的比賽第四局，華格納連續盜上了二壘、三壘，和本壘。他在一九〇二年、一九〇七年，以及一九〇九年，都重現了這樣的壯舉。等到一九一七年退休時，他已經創下了最多盜回本壘的紀錄：二十七次。整個棒球生涯，身材魁梧、胸膛寬厚的華格納共盜了七百二十二次壘，得分一千七百三十六次。兩項成績使他成為當時聯盟的史上第一人。一九三九年，他入選首屆全國棒球名人堂。

加州柏克萊大學教授薩洛威（Frank Sulloway）研究職棒大聯盟中兄弟檔的跑壘傾向。自棒球誕生以來，從狄馬喬兄弟到厄魯兄弟，有超過三百五十組兄弟檔打球。薩洛威發現出生順序和競爭風格有明顯的關聯。

薩洛威表示：「棒球中你能控制的並不多，像打出全壘打就很難控制。然而，有一件事是球員可以主動掌控的，那就是盜壘。」盜壘既是在戰術上冒險，也是拿身體冒險，而這是棒球導致重大傷害的最大原因。

薩洛威發現，他們每次上到壘包，弟弟嘗試盜壘的次數幾乎是哥哥的兩倍。他們是壘包之間的冒險者，不會老想著被觸殺出局的機率，只專注在上到得點圈的優勢。

此外，因為他們一直都不得不多方尋找成功的方式（不單靠打擊能力），身為弟弟的人往往職業生涯持續得更久，平均多出兩年以上。薩洛威說：「這項關於職業生涯長度的發現令人印象深刻，弟弟通常堅持得比較久。」棒球生涯未必都能有漂亮的結局，一般來說，會經過幾年的掙扎後才結束，選手內心天人交戰，思考著自己到底還能不能比賽，以及這樣奔波的生活是否值得。

棒球**裡面**的這種動能也適用於棒球以外的領域，包括孩子們一開始選擇的運動。薩洛威發現，後出生的人參與危險運動的可能性，是頭胎子女的一・四八倍。

薩洛威研究出生排行三十年，清楚知道這個趨勢不光是在孩子們磨練技巧的後院和運動場形成的，也同樣源自家庭環境，年紀較小的孩子在家中培養出冒險和競爭的精神，並帶到球場上。

和孩子相處的人都知道，他們在落後時多半就會退出競賽。要讓孩子學會競爭，就得讓他們學會不放棄。孩子因為害怕丟臉，容易停止嘗試來結束尷尬。克服這種情緒反射是成長的必要課題。身為父母，我們不能只勸，而是要命令他們不放棄。讓放棄成為等同於違反道德的禁忌，試圖讓他們明白，放棄遠比輸更丟臉。堅持比賽不能放棄，不能在最後的哨聲響起前放棄，不能放棄自己的承諾。他們必須學會在不想努力的時候格外努力，也必須學會克服投降的衝動。

至於年紀較長的兄姐，他們在家裡很少被超越。只有出了家門，才需要面對丟臉的情況，但年紀較小的弟妹天天都必須面對。

兄姐通常會認同父母的權威，會成為有責任感的人。後出生的弟妹則要找出適合自己的位置，通常心態更開放、愛探險，而且可忍受風險。爭吵時，年長的不用費力就能藉身體優勢獲勝。後出生的人則習慣勇敢面對更高大、知道更多，而且想要壓倒他們的人。當他們走出家門，進入真正的競爭，比較不會害怕。他們很熟悉這種情況，必須竭盡全力，或是忍受自己是比較弱的一方。

4 孩子在打鬧中學習競爭力

無論出生排行如何，手足之間的競爭可當成是生活競爭的訓練場。對抗、嫉妒，以及敵意的情緒會驅策孩子，就算他們不想競爭，也會被想競爭的手足煽動。他們爭奪玩具、電玩遊戲、電視頻道、成績、榮譽以及父母的認可。三到七歲間，兄弟姊妹平均每小時衝突三．五次，加總起來每小時有十分鐘在吵架。人類對競爭從來就不陌生。

奧地利神經經濟學家費爾（Ernst Fehr）探究競爭是天生還是學習而來。費爾找來孩子玩貼紙和玩具，他們可以選擇分享或竊取，合作或競爭。他發現兩、三歲的孩子就明顯有競爭意識了。基本上，只要孩子的年紀足以理解遊戲，就會有競爭心。他們想擁有自己的東西，且不想讓別人碰。小孩並不是生來是天使，後來才學會自私自利；反而慷慨與合作才是兒童隨著年紀漸長學會的。競爭似乎是與生俱來，合作則是後天習得的。

不過事情也不是這麼簡單。費爾也注意到，有兄弟姐妹的小孩與獨生子女有差別。一般假設獨生子女比在大家庭中長大的孩子自私，但費爾卻發現正好相反，獨生子女其實比較無私且有合作精神。他們把玩具交給其他孩子時十分平靜，但有手足的孩子卻會斷然拒絕。費爾得出的結論是，獨生子女不懂得競爭，因為他們從來就不必競爭。他們從未體驗過資源匱乏：如果他們還想再吃一片蛋糕，永遠會有多的蛋糕。他們也不怕分享玩具，因為他們不知道，如果把芭比娃娃給了另一個孩子，回來時可能會少了頭或腿。

費爾無法證明競爭和合作哪一個才是天生的，但是說到學習這些行為，有手足的人肯定更適應競爭。

兄弟姐妹的爭執有一點特別要注意，就是常常會失控。真正的競爭者懂得如何奮力競爭，但依然遵守比賽規則，不過兄弟姐妹通常不會遵守規則太久。龐奇博士（Dr. Samantha Punch）描述手足關係是「一種可以突破社交互動邊界的關係……憤怒不需要壓抑，而禮貌與容忍可以視若無睹。」每八次手足衝突中，大約只有一次會以妥協或和解收場，其他七次往往是年紀大的孩子欺壓另一方，而年紀小的退縮。

孩子要如何學會在努力的同時遵守規則？一個明顯的因素就是多年參與需要公平競爭的活動，例如透過運動、桌遊，以及遊樂場遊戲。在這個過程中，孩子們逐漸明白，如果不遵守規則，即使贏了也無法贏得他人的尊重。

還有個隱藏因素：打鬧——學者稱為「打鬧遊戲」。跟朋友及手足打鬧通常會過火，但是跟父母打鬧，可以安全探索玩耍與打架之間的細微界線。

蒙特婁大學教授派奎特（Daniel Paquette）不久前挑戰了社會心理學的傳統觀點，他認為父母跟年幼的孩子摔角、扭打、打鬧是好事而非壞事，因為這是在教導競爭技能。

派奎特批評這代人過度保護孩子，認為根深蒂固的依附理論過分重視父母在兒童沒安全感時提供安慰的角色，卻低估了父母在培養探索行為方面的作用。他指出研究顯示，沒經歷打鬧遊戲的動物，長大後無法適當地展現攻擊性：牠們在沒威脅時感覺有威脅，在應該警惕時卻沒有察覺。派奎特進行跨文化觀察後發現，最競爭的社會裡親子更常打鬧，顯示這發揮了適應社會的作用。

派奎特解釋，父母在打鬧時可以調整攻擊的強度，教導孩子如何適當的攻擊。在有情感連結的背景下，這種攻擊性的展現保持在安全範圍內，但又能逼迫孩子擴大舒適圈。孩子在過程中，能學會如何解讀及傳遞攻擊性玩樂的信號。

派奎特的定義中，打鬧包括了像是假扮怪物，以及繞著沙發追逐孩子，互相搔癢、打枕頭仗、拿抱枕玩拔河。他調查，親子最常打鬧的巔峰是在三至四歲左右，但打鬧的行為會持續到十歲。八六%的父親和七三%的母親表示他們一週至少會與幼小的孩子打鬧兩次。派奎特的論點是，這種情感基礎有助於孩子未來勇敢面對不熟悉的處境，學會冒險並捍衛自己，也給他們時間去適應競爭的情緒強度。

打鬧的重點在父母要掌控情況，一方面要激發孩子的情緒，但在孩子快要生氣或挫敗時，適時降溫。派奎特在一項縱貫研究中，錄下父親與幼童玩耍的畫面，然後根據打鬧的數量及**風格**給錄影帶打分數。五年後，他再去看那些孩子，發現「弱主導」父親（讓打鬧失控，導致遊戲失去了溫度）的孩子難以調節自我情緒，經常表現過於好鬥。「強主導」父親（會引導遊戲）的孩子則能成功地克制自己的攻擊性，避免情緒失控。

5 競爭精神取決於手指與教育

我們可以透過團體遊戲、有限制的打鬧，以及教導永不放棄的精神來建立孩子的鬥志。如果我們正確啟動這些心理機制，孩子長大就會變成強大的競爭者。特別是年輕女孩，她們玩團體遊戲或打鬧沒有男孩多，或許我們可以啟動這些機制，引導她們有一天跟男孩一較高下——角逐國會席次，或是在矽谷創業？

早年最有名的女性科技創業家是思科（Cisco Systems）的共同創辦人勒納（Sandy Lerner）。她一九八一年在史丹佛取得統計與電腦科學碩士學位，並在一九八四年和她的丈夫波薩克（Len Bosack）開始銷售最早的路由器，讓許許多多的電腦可以連上網路。一九八八年，她被創投業者瓦倫丁（Don Valentine）架空，兩年後還被解雇。照她在紀錄片《風投這東西》（*Something Ventured*）說的，被踢出局主要是因為她堅決反對公司做會惹惱早期客戶的改變。她不願妥協、據理力爭、大聲責罵、尖聲抗議。她好戰的管理風格導致一片混亂，甚至在走廊裡爆發全武行。最後，就發生了叛變：其他高階主管找上執行長並要求，「不是她走，就是我們走。」

矽谷以往的女性企業家和創投家數量一直非常少，如今要找到她們沒那麼難，二〇一〇年《女性二・〇》平台（Women 2.0）的年度「女性創辦人成功榜」，列出了令人印象深刻的一百三十一位企業家。但比起全國的科技新創與創投公司的龐大數量，仍舊只是九牛一毛，沒有證據顯示女性占比有增加。

在新創公司的員工中，女性依然是以一比二的比例低於男性，且位階越高數量越稀少。二〇一一年，財星五百強中只有十多家是由女性領軍。根據記者博伊德（E. B. Boyd），一五％的天使投資人是女性，但只有不到七％的創投合夥人是女性。而且只有四・三％的創投公司由女性領軍。女性確實創立了網路公司，但許多都是家庭式的小規模公司，靠著信用卡和個人貸款融資。這些證據都與矽谷自詡不帶偏見、唯才是用的形象矛盾。

創投資助的女性企業家稀少經常歸咎於（一）大多數女性**不像**勒納有工程的高等學歷，以及（二）矽谷將女性排除在創業所需的人脈之外。男性同行其實不喜歡勒納這種類型，她們就跟男人一樣倔強頑固。

就算這兩點都成立，還有沒有其他原因？我們之前指出過，如果勝選的機率高，女性就願意競選公職（甚至意願超過男性），但如果機會渺茫，極少有女性願意參選。有沒有可能這也解釋了矽谷的情況？

一般認為創投業的成功機率是十分之一，而一次巨大的成功足以彌補九次代價高昂的失敗。如果科技創投成功機會渺茫的特點，在大多數女性看來像是很糟的風險呢？想要當個科技創業家，熬到成為下一個大人物，必須專注在贏。這需要超人的自信和刻意忽略機率的心態，而忽略機率是女性鮮少會做的事。

不過，有人確實選擇這條渺茫的道路，還成功了。她們有什麼與眾不同的特別之處？義大利一家大型保險公司不久前就對這個問題很感興趣。該公司的高層想了解創業家的特質，於是決定資助一項研究。他們聯繫了經濟學家魯斯提契尼（Aldo Rustichini）與圭索（Luigi Guiso），聘請了一家民調公司，派出兩百名訪談員，與超過兩千家小型公司的創辦人會談。企業家接受面對面訪談，回答電腦輔助的問題。

在訪談當中，企業家被要求舉起右手，手心向上，以便拍照。是的，魯斯提契尼和圭索想從企業家的手中，找到他們的鬥志來源。他們不是在看手相，但聽起來沒差太多：學者想要測量無名指與食指的相對長度。果然，義大利學者分析企業家的手掌照片，發現愈成功的企業家，無名指就比食指長愈多。最成功的企業家，無名指比食指長了一〇至二〇％。

當你舉起手端詳那兩根手指，或許會覺得這個發現根本荒謬至極。數十年來，大家都在思索賈伯斯有什麼特別之處，理查・布蘭森（Richard Branson）、賴瑞・艾利森（Larry

Ellison）、馬克・祖克伯（Mark Zuckerberg）有何與眾不同——什麼樣的性格造就成功，或者有什麼童年經歷驅使他們建立自己的帝國。結果來了兩個義大利經濟學家，主張一切都和**手指的長度**有關！

好吧，其實不是手指的長度。手指長度只是一個指標，顯示這些企業家在母親子宮時的狀況。

受孕幾個月後，胎兒的手指很快萌芽抽長，也是在這段期間，早期的大腦邊緣系統開始組織形成。這些都會受到睪固酮和雌激素影響，這兩種荷爾蒙都是來自胚胎自身的性腺以及母體的血液（只是母體血液中的睪固酮對女胎兒的影響比男胎兒大，因為即使是胎兒，男胎自身也已經產生大量的睪固酮）。

胎兒的無名指上有許多兩種荷爾蒙的受體，食指的受體則比較少。睪固酮會促進手指的生長，雌激素則會抑制，因此兩種荷爾蒙的平衡會影響無名指與食指的長度。同時，這兩種荷爾蒙也形塑了大腦的發展。

目前尚未完全了解影響大腦的方式，研究集中在睪固酮與雌激素如何改變下視丘腺體的細胞遷移。下視丘是大腦底部中央一個微小的區域，負責調節眾多的身體功能。就像條條大路通羅馬，下視丘是整個荷爾蒙系統的起點。情況似乎是這樣的：產前睪固酮濃度較高，會使你終其一生對睪固酮更**敏感**。並不是說你的睪固酮**比較多**，而是你的身體對血液中日常、甚至時刻變化的睪固酮變動，反應更加強烈。雌激素是否有同樣的情況，目前尚不清楚。

這只是用一種非常知識性的方式來解釋，無名指的長度顯示了大腦系統的根本差異（但尚未完全了解）。

雖然聽來奇怪，但食指與無名指的長度比例已被證明，與空間能力、愛冒險，以及自信果斷等特質相關。這解釋了為什麼有些人聚焦在能贏得什麼，有些人卻對勝算格外敏感。研究也認為手指比例與足球、滑雪等競技運動的成就有關。魯斯提契尼的研究還認為手指比例與現實生活中的成就有關，例如高頻交易操盤手的獲利能力。

這兩位義大利經濟學家看到他們的企業家調查重現同樣的模式，決定再次檢測數字，這次是比較男性與女性。他們的調查中有七百八十位女性企業家，男女比例為二比一。一般來說，男性的無名指會比食指長一點，女性的食指則比無名指略長。但是研究人員發現，義大利的女企業家其實比較偏向男性模式：她們的無名指較長。其實，她們不僅手指長度比例顛倒，長度差距還比男性更明顯。平均來說，女性經營的公司更大、成長率更高，也更有能力承受龐大的工作量。

這顯示企業家天生**與眾不同**，從胎兒發展階段就具有這樣的特性。有這樣特性的男性可能比女性多，但如果你**是**這樣天性的人，那麼性別就不再是決定因素。

如果你在想，創投公司乾脆拋棄商業計畫書直接看企業家的手就好，那就搞錯方向了。這不**全是**生物學的問題。魯斯提契尼指出，一些科學家認為競爭意識的所有生物因素加總起來，只解釋了四〇%，其他人認為應該是六〇%。魯斯提契尼說：「這是很大的爭論，但一直都是一方四〇%，另一方六〇%。我們索性就折衷一下，假設是五〇%吧。我不怕被說是生物決定論，這是其中的一半，另一半很大程度受你如何教育孩子所影響。」

別忘了，在義大利的研究中，受試者已經是經營企業的企業家。還有數百萬的義大利人（不在研究之中）都是無名指長，可能是天生的冒險家，但他們缺少其他成為企業家的必要元素，像是認知能力、創造力和競爭意識。本章的所有關於團體遊戲、手足競爭，以及打鬧的內容依然適用，甚至都有直接關聯。從手指長度發現的第一個關聯性，就是打鬧遊戲。有可能是自然生物與童年心理相互作用，形成了堅韌的競爭者精神。

歸根結柢，如果童年時沒有培養競爭精神，不管無名指有多長，永遠也不會成為成功的企業家。

同樣地，如果社會歧視他們，他們也不會成功。很多女性擁有生理條件和堅毅的心理，但是能突破重圍的卻很少。這正是魯斯提契尼和圭索的發現。

他們將結果按照義大利的區域畫分，從包容的東北到較性別保守的南部及各島嶼。魯斯提契尼告訴我們：「區域的差異如此之大，那是在比較同質化的國家無法測量到的一種文化衝擊。」。學者不但發現女性企業家較集中於更包容的地區，還發現了同樣的手指長度模式：在義大利南方，女性的無名指長度必須名列前茅，才能當上企業家。魯斯提契尼很有把握地總結，只有最有天賦的女性才能成功，其餘則已經被以男性不會面對的方式排除掉了。如果企業家是特殊的，那麼女性企業家必定是超級特殊。

把這門科學放回矽谷，我們會得出什麼結論？很顯然女性經營的新創公司數量太少，這對一個自詡唯才是用的體系來說是丟臉的。但是最大的錯誤或許是拿性別來衡量、分類，甚至是看待企業家。一個人的性別只是干擾因素，純粹的雜訊，手指長度告訴你的遠比性別多。大腦加上心理差異交互作用後塑造出難得一見的人才，他們無視風險，卻有足夠的競爭精神可以成功。

第三部

個人競爭

「榮耀屬於真正站在競技場上的勇者，屬於臉上滿是塵土與血汗還英勇奮鬥的人。他會犯錯，甚至一錯再錯，畢竟沒有哪種努力不伴隨著錯誤與不足；他為有價值的理想殫精竭慮。最好的結果，是體驗到偉大成就的勝利，而最壞的結果是失敗，但至少也放膽去做了，因此他永遠不會與那些冷漠怯懦、既不知勝利也不知失敗的靈魂為伍。」

——西奧多・羅斯福（Theodore Roosevelt），美國前總統

第七章

求勝與不輸的差別

1 巨大壓力下，避免錯誤只會導致更多錯誤

一九六〇年代，全世界的手錶有一半是瑞士製造，幾乎全都是機械錶。但是到了一九七〇年代，瑞士的製錶商遭遇採用新石英與LED技術的天美時（Timex）與星辰錶（Citizen）削價競爭。瑞士人眼睜睜看著他們的市占率慢慢萎縮到一五%。他們裁員、降價，甚至一度退到只做奢侈品市場。但是到了一九八〇年代初期，包括歐米茄（Omega）、天梭（Tissot）、浪琴（Longines）等瑞士公司決定反擊。

他們做了非常冒險的事：斥巨資組成一家新公司，雇用大量員工，進行一場豪賭。他

們決定要以更低的價格打敗那些曾經打敗他們的製錶商。

他們的概念是，每個人都應該擁有一支瑞士的計時碼錶，這是成年的象徵。一支正經嚴肅的金錶帶或皮錶帶手錶，你可能會在大學畢業時收到的，有一天還會傳給孫子。但你還可以有「第二支錶」。這支錶可以有趣、時尚，而且便宜到可以隨時更換。新公司開始製造這樣低價但炫目的電子錶。手錶第一次做成色彩鮮豔還有大膽的圖案，走低檔市場的斯沃琪（Swatch）就此誕生。

斯沃琪不僅是瑞士奢侈品牌的守護者，自己也成了奇蹟——最初十年內賣出了一億支。斯沃琪非但保護了他們在奢侈錶的獲利，本身更是利潤驚人。在一場拍賣會上，一支限量斯沃琪錶賣了兩萬零五百美元。雖然這可能是一場宣傳噱頭（買家據說是該公司的經銷商），但成功地將斯沃琪打造成一種大眾都買得起的奢侈品。

根據德國研究員約斯特（Peter Jost）的研究，斯沃琪是「**打手品牌**」的代表範例。從此以後，高端公司如果遇到新的市場進入者削價競爭，就面臨是否要效法歐米茄、浪琴，以及天梭的問題了。不過，約斯特等研究人員指出，斯沃琪的成功讓人誤以為這個辦法很簡單。正如瑞森（Mark Ritson）教授為《哈佛商業評論》進行的探索，大部分的例子都失敗了——例如柯達（Kodak）推出Funtime軟片來阻止富士軟片（Fujifilm）的成長，或者聯合航空推出Ted與西南航空對打，又或是通用汽車創立鈕星汽車（Saturn）來與本田及豐田競爭。這種作法代價極為高昂、曠日廢時，而且有風險。

商場難免要冒險，而冒險往往也備受讚揚，但是風險未必愈多愈好。冒險會受其有效性限制，意思是：如果成功了，人人都像英雄；如果失敗了，就顯得你很蠢。關鍵是，公司等待的時間愈久，打手品牌就愈不可能擊敗低價的競爭對手，因為對方會一步步站穩腳步並建立忠誠度。

上一章介紹了一個概念：當人把重點放在有利的一面，就會冒險排除萬難，而當重點放在勝算，通常就不敢冒險。企業文化以及管理理念對商業策略有重大影響。有些公司會為了勝利而戰，遇到挑戰會加倍努力，增加投資繼續進攻。而有些公司則會設法控制損失、保護獲利，並期盼新的市場進入者像一場會過去的暴風雨。遭遇挑戰時，他們會削減成本，縮減未來的投資，堅守自己熟悉的領域，並期望能存活下去。他們只求「不敗」。

為勝而戰的特徵，就是更加努力和持續冒險。而只求不敗的特徵，則是保守和盡量避免代價高昂的錯誤。

只是在巨大壓力下，避免錯誤的策略反而會導致更多錯誤，這是只求不敗的矛盾。

二〇〇六年溫布頓女子網球單打決賽，是美國的威廉絲姐妹自一九九九年以來首次沒有進入決賽。拿下冠軍的將是法國的莫瑞絲摩（Amélie Mauresmo）或比利時的海寧（Justine Henin）。冠軍可贏得一百零一萬六千六百二十美元，亞軍則是一半。這場比賽很出名，因為兩人的攻勢都非常積極，一百八十分有八十九分是在網前。（在其他大滿貫比賽中，只有四分之一至三分之一的分數是在網前得分。）

第一盤，海寧努力求勝。網球的得分是靠致勝球、受迫性失誤，或非受迫性失誤。平均來說，大約是每種各占三分之一。但是在二〇〇六年夏天溫布頓那場比賽的第一盤，海寧的致勝球是非受迫性失誤的兩倍。她以六比二拿下第一盤。

賽後接受記者訪問時，莫瑞絲摩描述當下腦中的想法：「你在大滿貫的決賽以六比二落後海寧。現在的局勢不太妙。」她笑著說「於是你會想，『好吧，我需要做些什麼？……我要怎樣讓比賽照我的意思走？』我真的覺得幫自己打足了氣。我放開了一些，喊聲也多了。從第二盤開始，我更有攻擊性了。」

這下輪到莫瑞絲摩努力求勝，而海寧則是只想著不輸。

第二盤的第二局由海寧發球。她第一發就失誤，於是想用更保守的發球和底線打法來補救，結果適得其反。莫瑞絲摩抓住這些軟弱的球路並擊出了致勝球。接著，海寧兩次笨拙的發球導致雙發失誤，其中第二次發球甚至在自己的場地上彈跳後才觸網。下一分的一記吊球讓她守住這一局，比分四十比三十時，她終於開始上網攻勢。她截下了球，占據有利條件，但只是設法不出錯。結果球飛得太遠，發球局被破。

「我的積極性不夠，於是比賽徹底翻轉，」海寧在賽後記者會中回憶：「沒有什麼好說的。她比我把握了更多機會。」到了最後一盤，BBC形容海寧只是「開局時主宰比賽那個球員的一抹影子」。她為了避免失誤，正手拍屢次掛網，讓莫瑞絲摩得以領先。這是個惡性循環，她愈是努力想要安全的落點，非受迫性失誤就愈多。但是沒有準確的第一發球，她就無法來到網前，讓自己進入積極進攻的局面。

事後回顧，海寧其實沒有那麼多非受迫性失誤，只有二十二次。但這些失誤似乎總是出現在關鍵時刻。在關鍵時刻，她的心態（「這一球千萬別輸」）導致她採取失敗的策略（矯枉過正以及打短球）。

波士頓大學的研究員觀察二〇〇五至〇七年九次大滿貫比賽，逐分做出失誤與致勝球的分析。他總結，在比賽的關鍵分時，女性比男性更容易犯下太過保守的錯誤。都走到這一步了，她們並不想搞砸。來回對打的時間變得更長，但是最後有四〇%是以非受迫性失誤結束，而這種失誤只能怪自己。不管男性或女性，最終的目標都是拿到獎盃，但心態導致打球風格不同。一方是努力爭取獎盃，另一方是盡量不輸。

男性也並非完全免疫：有項研究觀察美國職棒大聯盟二〇〇五與〇六球季期間投出的每一球（大約一百三十七萬四千九百二十三球），顯示大部分的大聯盟投手其實是預防焦點型的。一局愈接近結束時，他們投球的位置就會愈保守。一項類似的研究觀察超過兩百萬次PGA巡迴賽推桿，顯示職業高爾夫球選手往往在緊急關頭及壓力升高時，改採短距離推桿。

「為勝而戰」與「只求不敗」是十分普遍的譬喻，用來描述從企業處境及軍事戰略到約會等一切事物——差不多就是所有跟冒險有關的情況。

但是為勝而戰與只求不敗可不只是譬喻而已，而是兩種恰恰相反的策略，由不同的心理與生理機制所觸發，在競賽中尤其會造成重大影響。

研究人員始終認為，人類的根本願望是趨樂避苦。但我們多少都會偏向其中一邊，趨樂略多於避苦，或避苦略多於趨樂。在競爭的壓力下，我們的心態可能會進一步轉變。可能在競爭開始之前，或者一直到比賽的關鍵點之前，都在尋求快樂，但到了決定性的瞬間，我們開始只求不輸。

快樂與痛苦的雙重關係由來已久，許多學者也都發展出各種術語，來闡述這些心理狀態的各種層面。一九三五年，心理學家勒溫（Kurt Lewin）寫到人會受到趨近或逃避的感覺推動。到了一九五〇年代中期，阿特金森（John Atkinson）按動機傾向，將人分為「成功導向」或「失敗逃避」。動機為成功的人選擇可將成功最大化的冒險途徑，而動機為逃避失敗的人則會遠離這些風險。一九九〇年代末期，紐約有兩個人嘗試為這些概念做自己的詮釋：羅徹斯特大學的艾略特（Andrew Elliot）將趨避理論套用在表演與競賽，而哥倫比亞大學的希金斯（Edward Higgins）則採用「促進焦點」與「預防焦點」的說法。希金斯的結論是，這兩種心理衝動從本質上就不同，所以大腦需要兩套獨立的神經系統來處理。

過去十年，神經科學與生理學都將這七十年的理論做了檢驗。希金斯的論點雖不完全對，但是大方向沒錯。大腦確實有各自獨立的系統，在電流與化學方面都不相同。神經系統是等有事情來刺激，才會啟動並驅動你行動。另一個系統則像緊迫盯人的父母，監視著你的一舉一動。它隨時準備介入，阻止你冒險或是犯下粗心的錯誤。

在這一神經科學支持的背景下，我們可以將所有歷史上的術語都統整為一個概念，稱為「增益導向」或「預防導向」。

增益導向會催促你冒險，去獲得尚未擁有的東西。預防導向會促使你躲避危險。那就是當劍齒虎或不滿的經理接近時，會想要僵住或逃跑的本能反應。

增益導向和預防導向這兩個系統隨時都在運作，幾乎是平衡狀態。但在特定時刻，其中一個可能會稍微更活躍，而這些微的差異就可能導致截然不同的精神狀態與態度。如果一個人處於預防導向，他採取的策略就稱之為「只求不輸」。如果一個人在競賽期間處於增益導向，他使用的策略就是「為勝而戰」。

問題來了，在比賽當中，我們要怎樣維持在增益導向的精神狀態，不會出錯而轉換成預防導向？我們要如何讓增益系統保持主導地位？

2 面對挑戰，好過面對威脅

愈是接近尾聲（目標近在眼前），人們愈容易轉換成預防導向。在一項與學校背景相關的實驗中，德州大學的學生在學期初和學期末分別拿到一連串的GRE問題。學期初時，學生呈現增益導向。如果計分方法是**每答對一題就能獲得分數**，他們的表現會最好。但到了學期末，心態就不同了，他們的心思不再放在吸收新知，而只是努力不忘記學到的。他們轉換成預防導向，盡量避免粗心的錯誤。同樣是跟之前類似的GRE問題，這次如果計分方法是**每答錯一題會扣分**，表現會最好。

你可能會想，計分方法的語意差別應該不重要。正確答案得分和錯誤答案扣分，理論上應該會得出相同的分數。如果你能答對二十題中的十六題，那是加十六分，還是從二十分中扣掉四分，應該沒差。但是一般人在這方面並不理性。計分方法，也就是設定比賽的框架，對不同導向來說會有利或不利。學期初時，重心放在獲取新知，因此強調獲益的計分制度會考最好。學期末時，學生的重心放在不要失去知識，所以與他們的重心一致的計分制度（答錯扣分）會考較好。

只不過，人在獲益的處境通常會比在失去的處境更自在。有個鮮明的例子（多少也算是共通的現象），就是足球員用罰球來解決平局時的對決。從十二碼外，球以六十至八十英里的時速，衝向二十四英尺寬、八英尺高的球門。在踢球之前，守門員是不許移動的，如果球被踢到距離門柱一碼以內的地方，幾乎救不了球。在這種情況下，沒有人期待守門員會救下罰球。期望與壓力都在踢球者身上，期望他每次都能踢進。罰球的成功機率是八五％，但守門員也可能成為英雄，那踢球員就只能是個犧牲品。

隨著比賽深入，這種心理就更加強烈。想像你必須為球隊踢第五次罰球，你寧願身處哪一種情境？

- 你的球隊落後一分，你**必須**踢成平局。如果沒有踢進，你的球隊將會輸掉比賽。
- 你的球隊與對方平手，你**不是**非得踢進不可，但如果踢進了，你們就贏了。

大部分人寧願是第二種情況。雖然都很高壓，但是實際表現卻大不相同。別忘了只求不敗的悖論：想要不犯錯通，常只會犯更多錯。根據研究人員尤爾德（Geir Jordet）與哈特曼（Esther Hartman）的說法，在罰球不進會導致球隊輸球時，職業球員踢進的機會只有六二%。在踢進就贏球時，球員全力一搏，踢進的機會有九二%。同樣的踢球條件：相同的距離（十二碼）、速度（時速六十英里）、球門（七十二平方英尺），但因為不同的心理狀況，導致成功率差了三〇%。

用另一種方式來描述兩種踢球情境差異，是將第一種稱為**威脅**，第二種稱為**挑戰**。在威脅的情況下，預期心理非常高。你知道自己正受人評判，感覺不能犯一點錯。儘管比賽極為緊繃，害怕犯錯的恐懼會引發預防導向：你會盡量預防慘敗，而不是創造勝利。競爭者會覺得更焦慮，較沒活力，而且有逃避心理。

明顯感覺到別人的評判，這點會在「心智推論系統」表現出來，也就是大腦四個分散的區域神經活動增加。其中一個區域是內側前額葉皮質，這代表決策變得更有意識與緩慢，少了自動化的反應。另一個區域是I-TPJ（left temporoparietal junction），即左腦顳葉和頂葉的交界處。這個區域會隨時掃描不熟悉的事物防範威脅，並呈現活躍狀態，顯示提高警惕。此外，前扣帶皮質則會密切注意判斷有無錯誤。

威脅情境改變了大腦對風險與報酬的敏感度。邊緣系統深處的杏仁核，對恐懼刺激特別敏感，因此風險在大腦中會變得特別重要。另一方面，儘管大腦的獎勵中樞也會因機會而啟動，但仍然處於次要的角色。

而在挑戰的框架中，一切都不同了。在挑戰的狀態下，沒人指望你做到完美，也不指望你贏，但你有機會奮力一搏而成功。你大可大膽一試，這就啟動了增益導向系統。一連串的荷爾蒙就此釋放出來抑制I-TPJ的活動，讓大腦覺得自在，彷彿一切都熟悉如故。決策會回到自動模式。荷爾蒙抑制了杏仁核，使你無所畏懼，使獎勵網路更加活躍，對勝利的好處更敏銳。競爭者因此呼吸變得順暢、精力充沛，能抓住眼前的機會。

雖然頂尖競爭者確實需要學會在威脅下維持優異表現，因為威脅情境在所難免，但大多數競爭者在挑戰情境下表現會更好。

而且許多時候，將任務的框架從威脅改為挑戰，或許就能促成成功。

本書稍早我們提到，奧特與阿隆森的普林斯頓大學生實驗，研究人員給學生做GRE

題目的測驗。其中一半的學生拿到的題目是以威脅的脈絡呈現——為了測試學生的能力，判斷他們是否真的適合普林斯頓。其他學生拿到同樣的題目，卻是以挑戰的脈絡呈現。測驗名稱是「智力挑戰調查」，並且將題目當成腦筋急轉彎，沒有人期望他們回答所有的題目。在威脅的脈絡下，普林斯頓的大學生答對了七二%；而在挑戰的脈絡下，他們答對了九○%。

北卡大學足球教練多倫斯知道，他的球員時時都活在威脅之下：他的訓練方案長久以來都非常成功（從球員的觀點來說），因此大家都在等著她們輸球。為了讓他的女球員不再追求完美，多倫斯重新安排球隊的賽程。球隊得經過長途旅程，接連好幾晚在不同的城市，打一場又一場的連續賽（對上的都是全國前幾強的球隊）。沒有人指望球隊在這樣嚴酷的情形下每次都贏，因此威脅就轉變成了挑戰：球隊比賽打得更放鬆也更好。她們雖每次都贏，但每次贏球都被視為努力得來的成就，而不是必然的結果。

指導兒童最大的謎題之一，就是有些孩子練習時能大膽競爭，但是一對上陌生人就膽怯緊張。原因或許是與陌生人競爭是種威脅處境，而練習不會威脅他們在球隊的地位。因為他們知道練習是一種重複的例行事務，不會一次定生死。熟知朋友的習性讓他們覺得安全，不過面對陌生人時，由於對對手了解甚少，他們會將這個空白填補上恐懼。這是無法控制的局面。「更好」及「更差」、「贏家」與「輸家」就在一線之間——他們的地位會受到威脅。他們覺得自己必須有好表現。面對這一切，孩子可能變得謹慎保守。你希望他們奮戰，他們卻僵住了。

3 失誤會擴散並傳染

我們都會犯錯，但必須從錯誤中學習，繼續向前。你可以承認錯誤，否則錯誤將會掌控你。

那麼，為什麼有些人可以從錯誤中學習，而有些人卻在犯錯之後一敗塗地？為什麼有些錯誤會不斷地在不同人身上重複，彷彿錯誤也會傳染似的？

正如之前討論的，預期心理在這裡扮演重要角色。一個意料之外的失敗遠比預期中的失敗更令人沮喪，預期中的成功也遠沒有意外獲勝那麼興奮。而意料之外的錯誤也是如此。

我們再回到網球比賽的情境，一位選手突然停止冒險，從為勝而戰轉為只求不敗。這個轉變之前，選手也會失誤，但沒有因此驚慌失措。突然一次失誤讓她猝不及防，因此糾結太久，無法再回到積極進攻的心態。為什麼試圖避免犯錯，往往導致更多錯誤？

我們都熟悉那種犯錯被指責時，心頭一沉的感覺，不管是線審在邊線上大叫、電腦閃紅燈，還是主管喊到「到我辦公室來！」但大多數人搞砸的時候，並不需要有人來告訴我們。我們不需要等待意見，因為我們已經用某種尚未意識到的方式發現了自己的錯誤。

在犯錯後的五十到七十毫秒之間（甚至還來不及理解發生了什麼），大腦前扣帶皮質的電壓就下降了。

前扣帶皮質正常作用足以產生約七到十微伏的微量電荷。前扣帶皮質的功能像是預警系統，是一種差異偵測器。只要一有意料之外的事情發生，例如犯錯，前扣帶皮質察覺異常，就會觸發瞬間的電壓脈衝。

研究人員進行過數十次實驗，希望破解這些脈衝代表什麼意思以及預示了什麼。因此，在大多數實驗中，受試者的頭頂都佩戴著探測腦電波的電極，然後玩一些可能犯錯的高難度遊戲。每當受試者犯錯，研究人員就追蹤大腦如何反應，細微到毫秒。

首先，電壓會下降，之後從錯誤中恢復時，電壓會明顯回到正常水準。錯誤愈是令人震驚或意外，脈衝愈大（想像你的心電圖：錯誤愈嚴重，波就變動得愈大）。

這整個下降／恢復的過程，都發生在錯誤發生之後的那五十至五百毫秒內。

你可能會希望電壓不要下降，但那代表你對錯誤毫無察覺。如果是這樣，你的大腦將無法學會更正錯誤，或是防患未然。

理想的情況是，希望電壓溫和下降，恢復期拉長。雖然我們用的單位還是毫秒，但是這段時間拉長，就代表更敏銳感知到眼前的任務。在恢復期間，大腦的可塑性發生變化，確保神經元能處理新的正確反應。一旦前扣帶皮質察覺到錯誤，接下來就會仔細留意。它的職責不是糾結錯誤，而是避免錯誤。這種下降／恢復的模式能減少重複犯錯，同時放心冒險。

當然，從錯誤中學習而不停留在錯誤上，在競爭以外的環境下會容易得多。一旦風險增加，電壓下降可能就更明顯。這就是為什麼平常能不當一回事的小失誤，突然間就變得像災難一般嚴重。

如果較大幅度的下降後，只伴隨較短暫或較不強烈的恢復，那就是大腦因事情轉趨負面而不知所措的徵兆。神經可塑性變小了，所以學習能力減弱，更容易精神癱瘓。大腦陷入震驚時，無法接收處理情況的新方法——這時錯誤就會導致更多的錯誤。你的大腦沒有學習如何處理情況，只是不斷重演錯誤，於是你就不斷犯下新的錯誤。

在花式滑冰中，一個小小的失誤就能讓選手無緣奪牌。因為就算是一個失誤也可能定勝負，所以出現錯誤時，選手要恢復過來是極其困難的。選手通常不會只跌倒一次，而會一而再、再而三地跌倒。

在比賽時，利害風險高到即使看到對手犯錯，也可能觸發大腦電壓的強烈變化。你的大腦看到別人犯錯，就彷彿那是自己犯的錯。優秀的競爭者有辦法抑制這種鏡像反應，但是極其困難，尤其犯錯的人是你的朋友或隊友時。這時錯誤就變得有傳染性，不單是隊友之間，也會蔓延到競爭者之間。

二〇〇七年東京的世界花式滑冰錦標賽，是即將退休的波蘭雙人搭檔馬利烏茲・修德克（Mariusz Siudek）與多蘿塔・修德克（Dorota Siudek）的最後一舞。這對相愛的搭檔在短曲之後排名第九，準備好來一場漫長感性的告別。但計畫趕不上變化。

在分組熱身準備時，馬利烏茲在拋跳時背部痙攣。多蘿塔眼含著淚水，離開了冰上。沒有人確定他傷得有多嚴重，而此時輪到張昊與張丹上場了。在他們的第一次組合跳（並肩兩圈艾克索跳，兩圈托路普跳），張丹跌倒了。

回到更衣室，馬利烏茲在醫護人員照顧時疼得直不起腰。這讓東京體育館的後台陷入複雜的情緒之中。這對夫妻因馬利烏茲還想繼續比賽，起了爭執。多蘿塔最後說服馬利烏茲退賽，於是修德克夫妻回到冰上最後一鞠躬。

修德克夫妻曾在蒙特婁附近接受加拿大教練的培訓，所以和比賽中的三組加拿大選手非常熟悉，包括接下來的馬庫斯（Valerie Marcoux）與本廷（Craig Buntin）。馬庫斯與本廷清楚自己還沒有做好上場的準備，但別無選擇。他們的並肩跳躍與拋跳都有失誤。第一次連接步時，他們失分了。三次跳躍之後，兩圈艾克索跳再次被扣分。等到他們要跳三圈托路普跳時，動作又無法一致。

這時，失誤就像傳染病一樣蔓延開來，一組又一組的選手看著之前發生的狀況：他們的前扣帶皮質活動驟然活躍，而且全都開始不斷想著看到的失誤。緊接著出場的加拿大搭檔跌了兩次。之後的美國組更糟，井上憐奈在單跳時跌倒，之後拋跳又跌了兩次，還被計時處罰。

中場休息後輪到最後一組暖身，也是當晚最有希望得獎的。最後一組好一點，但還是動輒失誤。德國搭檔和俄羅斯搭檔都有動作不一致的問題，而且跳躍時間太早。中國隊穩穩拿下第一與第二名，因為那晚其他人表現都不佳。

不過大多數比賽並不像滑冰，就算犯錯了，還有剩下的比賽時間可以恢復和補救。籃球賽初期的犯錯可能讓你失掉一分，但不會輸掉比賽。只要吸取教訓，還是可以贏。

那麼指出別人的錯誤是好事還是壞事？人普遍認為那是壞事，因為這會讓競爭者變得過度敏感焦慮；會讓他們過於害怕犯錯，無法保持輕鬆也不敢冒險。

雖然這大致是對的，但並非通則。別忘了，有些人的前扣帶皮質反應太弱，甚至不會注意到自己犯錯。指出錯誤，是幫助他們的前扣帶皮質運作的一種方式。如果連自己犯了錯都不知道，就無法從錯誤吸取教訓。

另一方面，反應太強烈也可能導致過度糾結在錯誤上，使預防系統高度警戒。

4 只求不敗，有時也是好策略

由於我們有兩套神經系統，所以有兩種不同的競爭風格也很合理，就看是哪一套系統主導控制。

如果你是增益導向，就容易不考慮細節。你有成功的信心，並認為獲取更多資訊只會過度謹慎、不願冒險。你會迫不及待、動作迅速，且在壓力下的表現勝過他人。你認為競賽令人興奮，還會帶來極大的快感。你從讚美以及強調你優異表現的回饋中學到最多。

如果你是預防導向，你會吸收所有的細節，因為專注細節可減少錯誤。你喜歡先解決模糊不清的地方再繼續前進：收集愈多對手的資訊愈有幫助。你常缺乏信心。你行事謹慎，且盡量避開風險。你沒有時間壓力時表現最好。你的天性將競爭視為壓力極大的威脅。你從針對你的錯誤所給的回饋中學到最多。

增益導向時，驅動你的是成功的渴望；預防導向時，驅動你的是失敗的恐懼。為勝而戰時，你認為平局就是失敗；只求不敗時，平局就很滿足了。

整體來說，增益導向的人更有可能堅持不懈：只要有一絲機會，絕不願認輸。預防導向的人則更容易在競爭過程失去動力。他們無法堅持，而**陷入重複思考**——始終掛念著錯誤，懷疑是否值得繼續下去。

通常，我們在思考「為勝而戰」與「只求不敗」的各項特點時，無疑會認為為勝而戰是比較吸引人的好選項。如果可以選擇其中一種人格特質（可以人為控制內在的神經系統），你一定會選增益導向。

有意思的來了。看看接下來這份簡短的常見職業清單（圖表8）。每項工作最適合的人格特質是什麼？是靠少量資訊賭一把的？還是一絲不苟避免錯誤，並蒐集所有可用資訊的？

立刻就清楚看出，大部分成人工作的基本條件都是預期員工應該周密、謹慎、不出錯。有些時候，只求不輸是最理想的策略。就算你是餐廳老闆兼大廚，或者是身兼創業家的電腦工程師，計畫和預測都是必要的。

這種二分法本身就有點矛盾。一方面，新構想與新事業都是來自增益導向的人格特質，但日常盡責本分的工作卻把人訓練成預防導向。記者很可能需要跟著自己的直覺走，但不代表她可以隨便處理事實。環境科學家可能要提出創意的解決辦法，但辦法又需衡量周全。推動經濟的工作需要**兩種**神經系統都訓練有素。

短期來說，精明的經理人可以充分利

圖表8：常見職業清單

會計師	律師
飛航管制員	貸款專員
汽車修護技工	護理師
廚師	飛行員
化學家	警察
托育人員	心理醫生
電腦工程師	記者
設計師	社會工作師
企業家	外科醫生
環境科學家	教師
消防員	網站管理員

用員工的性格，以符合日常動機的方式，安排工作及獎勵。常見的獎金結構是：「我會給你這個底薪，如果你能完成九五％的任務，會再加上一定的獎金。」但一些實驗顯示，許多員工在以負面表述的獎金結構下更有生產力：「我會給你這筆獎金，但如果你沒有完成至少九五％的任務，會扣除一定的金額。」

此外，一個人的性格可以幫助其他人了解，什麼榜樣影響他最大。典型的榜樣，就是白手起家、辛勤努力獲得回報的成功故事。但榜樣也可能是警世故事，例如本應成功的故事走偏了。預防導向的人受後者的影響更大——現實生活中因不夠努力犯下錯誤的例子，這種訊息的影響力比較大。

但是長期來說，員工需要增益導向才能維持成長。

二〇〇〇年代中期，西屋電氣（Westinghouse Electric）的核電廠部門發現自身有個根深柢固的文化問題。他們的工程師花了多年時間吸收名為「六標準差」的管理策略，策略目的就是根除工業製程中的錯誤。符合六標準差流程生產出的產品，在統計上應該有九九．九九九六六％沒有瑕疵。由於這個策略已經牢不可破，西屋從來不在工程師還不清楚自己究竟要做什麼的情況下投標：還沒有考慮新合約之前，他們就必須有經過驗證、毫無錯誤的專業知識。就算工程師願意去接觸潛在的新客戶，也只會說「這是我們能為你做的」，從來不問「你需要什麼」。

這樣的預防導向在核能產業並不令人意外，因為萬一出了問題，就得移除核燃料。這樣的事件稱為「失敗案例」，而一起失敗案例需要七年的時間來了解、修正並妥善處理。

維吉尼亞大學達頓商學院研究人員黎德珂（Jeanne Liedtka）解釋：「核能工程師對待一**切事物**的態度，都彷彿那是一起威脅到整個社區性命的核能緊急事故。」

但西屋電氣的高層知道，核能產業即將迎來巨大成長。因為氣候變遷的關係，燃煤發電廠漸漸不受青睞。全世界已經有超過四百座核子反應爐，其中很多都需要維修。

乍看之下，西屋負責這些老舊電廠的維修似乎最合適，但許多反應爐使用的加壓技術、渦輪機、發電機，以及金屬合金，都與西屋的工程師慣用的不同。如果要跟上競爭對手的腳步，西屋需要九條新的業務線，而他們的工程師還得不斷摸索。西屋必須訓練旗下的工程師敢於冒險，並採用增益導向。

黎德珂指出，工程師骨子裡就是「極度規避風險的專家」，只要聽到「新業務」這個詞，立刻就擔心有人會因他們而喪命。

由於有創新的市場壓力，而員工抗拒的阻力也一樣大，西屋在二〇〇六年派出資深職員以及四十五名高層主管到維吉尼亞大學，與黎德珂和她的同事羅森（Robert Rosen）及魏特班（Robert Wiltbank）進行為期一週的專題討論。

黎德珂的團隊向工程師保證，在他們檢修發電廠時，追求一〇〇%安全的目標不會改變，沒人要他們將大眾置於風險之中。但黎德珂的團隊接著指出，工程師不必所有情況都採取這種預防導向的態度。只是去開會並不會威脅到公共安全，可以嘗試詢問客戶的需求，而不只是單方面說自己能提供什麼。他們必須接受創新伴隨而來的一些小風險，並做好可能會失敗的準備。

按照定義，新構想不可能來自只求不敗的心態，因為這種心態下的抑制系統超級活躍。創意需要解除抑制：需要關閉內在審查，才能進行腦力激盪和創意發想。神經科學已經證明，新構想在腦中誕生的那一刻，預防系統是關閉的。

雖然工程師精神上同意，在新情況可能遭遇失敗，但說來容易做來難。就像黎德珂的團隊在《企業催化推手》（*The Catalyst*）書中描述的，西屋的員工最初開始爭取新生意時常常空手而回，而且依然對失敗感到意外與失望。

但是西屋的高級主管帕魯洛（Nick Liparulo）預料到了初期會出些錯。他知道推銷可能被拒絕，但他看重的是團隊過程中的學習價值。他預料到會犯錯，並接受這些錯誤是組織學習曲線的一部分。

隨著時間過去，西屋電氣的管理者學會了如何傾聽顧客。他們列出了公司內部每一項妨礙成長的阻礙，並決定消除這些阻礙，就像以前消除錯誤一樣。他們發誓要重新進軍曾經放棄的全球市場，而且體認到執行的速度將是打贏競賽的最佳方法。

這些跟鬥志有什麼關係？一方面，西屋電氣的案例是個競爭的寓言故事，適用於個人與社會。如果我們想更努力競爭、想展現更多鬥志，就要為勝而戰。而那就代表必須克服我們過去培養的思維方式：克服平時工作灌輸的損失規避態度。

再回頭想想做GRE考題的德州大學生：他們剛踏入校園成為新鮮人時，想要獲得受用終身的知識，但到了學期末，一心只想通過期末考就好。

如果目標就只是度過這一天，我們永遠不會點燃鬥志，也不會表現出鬥志。唯有在崇高的長期目標、接受風險與錯誤並存，並任由雄心抱負恣意揮灑時，鬥志才會熊熊燃起。

第八章

一夜賭局加速世界經濟

1 運氣，會讓人奮起還是消極？

一九七三年七月的一個星期五，當時二十八歲、執拗的企業家史密斯（Fred Smith）正坐在芝加哥的機場，等待飛回家鄉田納西州孟菲斯的班機。他才剛結束一場跟通用動力（General Dynamics）的失敗會議，對方拒絕給他貸款。他的戶頭只剩下五千美元了。

機場休息室裡的其他人都在想著飛機什麼時候要起飛，史密斯擔心的卻是飛機要停飛了——他自己的飛機。

史密斯的快遞公司才剛成立四個月，擁有一小隊八架噴射機。星期一，史密斯得開一張兩萬四千美元的支票，支付未來一週需要的飛機燃料。漏掉一張燃料帳單，就有拖垮整個公司的風險。

空手而回是不可能的。史密斯把飛往孟菲斯的機票，換成飛往拉斯維加斯。那個週末，他玩二十一點玩到握有三萬兩千美元，即原本的五千美元加上贏來的兩萬七千美元。接下那週，史密斯的員工又找來了一輪融資。不到六個月，這家現在名為聯邦快遞（FedEx）的公司已經飛到全國二十五個城市。

聽到這個故事不可能不去想，**要是他沒有去拉斯維加斯怎麼辦？要是他輸了呢？聯邦快遞可能就完蛋了**。

這個故事將公司描繪成脆弱、絕望，還有點瘋狂的樣子。你或許會想，公司僥倖逃過一劫，高層對這個關鍵週末大概會三緘其口。如果你是飛機駕駛，正要找個穩定的好工作，你會想在一家與災難擦身而過的公司工作嗎？如果你是貨車司機，你會為付不出薪水的人工作嗎？

但是隨著這個災難故事流傳開來，聯邦快遞的員工卻產生有趣的反應。西北大學的研究人員後來在實驗中重新驗證了類似的故事，他們發現，首先，這個故事加深了員工對公司的忠誠度。此外，員工開始做出愈來愈冒險的決定，經常讓自己陷入類似史密斯那個週末的處境。當一位飛機駕駛得知公司尚未繳納機場費時，就用自己的信用卡付了那筆帳。司機訓練他們的妻子熟悉運送路線，萬一有需要，家人也能幫忙送貨。公司手頭緊時，員工也同意先不存入薪資支票。為勝而戰迅速成為聯邦快遞企業文化的一部分：人人都在冒險。

「僥倖偏誤」是指在一起事件中，運氣起了關鍵作用，在此之後人往往會去冒**更多**的險。儘管運氣可能轉變成不利，但是僥倖的經歷會觸發一連串過度樂觀的心理。一般人不會認為結果只是運氣好——他們會開始相信**自己**是幸運的。

除非碰到困難、改變想法，否則一般人會很快從「哎唷！躲過了那顆子彈！」變成「我真是躲子彈高手」。

幾年前，一位德國研究人員帶大學生到自己的研究室，裡面擺了一塊綠色人工草皮的高爾夫推桿墊。她把球交給其中一半學生時說：「目前大家都用這顆球。」對另外一半則說：「球給你。目前為止，發現這是顆幸運球。」第一組推桿十次，平均有四・七五次進洞。被告知拿到進洞「熱球」的那組，十次平均進洞六・四二次。結論：相信自己運氣好**是有用的**，因為能提高你的信心和樂觀心理，對表現有益。

同樣的原理適用於迷信出了名的棒球選手：他們的幸運符和例行儀式之所以有用，是因為球員**相信**那些有用。只要他們的信念給他們錯覺，認為自己多少能控制運氣，那麼就有幫助。

但在你嘗試利用這個原理前，得記住一點：明尼蘇達卡爾頓學院心理系主任陸茨基博士（Dr. Neil Lutsky），在德國的推桿研究中發現了一個問題。受試者聽到「目前為止，發現這是顆幸運球」時，話裡其實有兩個訊息。第一，球是幸運的。第二，隱含的訊息是「在你做實驗之前，很多人已經進了很多次」。這讓受試者知道他們正與其他人比較，以及好成績會公布出來。

陸茨基重複這個實驗。這次他增加了第三組，他們被告知：「球給你。目前為止，大家做這個任務都做得相當好。」而這一組推桿是進洞最多的。陸茨基的結論是，運氣比不上社會比較的威力。沒有人想當那個做不好的人。

運氣在所有競賽都會起作用。在勢均力敵的比賽中，運氣的作用是讓人變得消極，會提醒選手無論他們多努力，結果還是可能由不可捉摸的運氣來決定。但是實力懸殊的比賽中，運氣則有助於兩隊都保持積極。實力較強的隊伍知道只是被看好，還是不能懈怠，因為這一天他們說不定得戰勝對手**還有**一些霉運。

另一方面，實力較弱的隊伍通常會想，為什麼要打這場比賽。理論上，他們應該會輸。但因為這天說不定是他們的幸運日（出乎意料的時刻說不定能幫到他們），這給了他們必要的一絲希望，願意在比賽中努力。因此，在實力懸殊的比賽中，提醒自己運氣的作用，甚至是欣然接受它，是非常有用的策略。

雖然我們可以看到運氣對獲勝或許有影響，但是相信運氣的背後也可能藏著一個問題。我們很自然會去檢視自己**失敗**是哪裡出了錯，並試圖從中吸取教訓，但成功時卻不會。我們僥倖逃過一劫後，不會再去檢討審視。以聯邦快遞的例子來說，事情都解決了，差點失敗的事件並沒對公司造成損失。不過ＮＡＳＡ（美國太空總署）的例子卻是另外一回事了。

二〇〇三年，太空梭「哥倫比亞號」再次進入地球大氣層時，於德州和路易斯安那州上空解體。發射期間，太空梭的外燃料箱掉落一片行李箱大小的泡棉，打中左翼，損壞了隔熱系統。事後，大眾得知這問題不只發生一次，先前的太空梭發射，幾乎每一次都有泡棉從燃料箱脫落。照片顯示先前七十九次發射，有六十五次都發生這種情況。ＮＡＳＡ主管明知道這會損壞太空梭的軌道飛行器，因為飛行器返回時滿是泡棉擊中造成的凹陷（每次航行平均一百四十三處）。起初，ＮＡＳＡ的工程師很擔心，但很快就落入僥倖偏誤。他們不再去檢視這些問題，接受了升空時泡棉會打中軌道飛行器，但認為絕對不會打中重要的部分。

你或許會認為，NASA工程師應該是能夠抵抗僥倖偏誤的人。但太空梭之旅背後有龐大的機構動能，計畫更是投入了數十億美元，這些都使他們偏向看見自己期待的結果。NASA工程師大概會反對將哥倫比亞號事故和史密斯的賭城之行做比較。NASA員工會堅稱，他們在執行任務時並不是在賭博。不過，他們實際做的就是依賴日積月累的小風險。

「如果你冒的險愈來愈多，也不知道自己在冒什麼險，那就是在賭博。」羅傑斯（Edward Rogers）表示。

在哥倫比亞號災難發生不久，羅傑斯開始擔任戈達德太空飛行中心（Goddard Space Flight Center）知識長。戈達德是NASA九千名員工的研究基地，負責無人太空任務及相關研究。羅傑斯的任務就是觀察戈達德如何管理機構知識。

羅傑斯還在適應新職位時，就收到了兩份近期衛星任務的報告。其中一份報告指出，有一件設備發生故障，導致無法獲得原計畫的科學數據，因此報告稱任務失敗。另一份報告則是說，衛星在軌道上出了錯誤，但他們千方百計將它救了回來。這項任務險些就要全盤失敗，卻被形容為一次成功經驗。羅傑斯找了兩個團隊談論任務。他發現第二個團隊成員堅決相信任務成功了，完全看不出自己只是運氣好。他們把成功與失敗看成是零和遊戲：其他人失敗了，而他們成功了。

由於哥倫比亞號的悲劇依然記憶猶新，羅傑斯將簡報拿給他在戈達德的上級主管，建議進行一項研究，判斷僥倖偏誤對於NASA的決策有多大的影響。主管同意了，但是根本不知道誰能做這樣的研究。NASA主管認識所有重要大學裡研究工程學的人，但是沒有一個商學院的人脈。羅傑斯只好主動打電話給不認識的喬治城大學商學院院長，對方幫他聯絡上狄隆（Robin Dillon）和廷斯利（Catherine Tinsley）兩位教授。

根據羅傑斯給的報告，兩位教授用虛構的月球任務寫了很長的事後回顧報告。這些報告中，有的是清楚的成功或失敗，還有一些是虛驚一場，代表任務能完成有運氣成分。教授接下來找大學生看這些報告，請學生評價任務負責人的表現。學生給運氣好而成功的負責人評分，竟然跟做出好決策的負責人評分一樣。他們沒有看到當中的錯誤，反而是僥倖偏誤徹底發揮威力。

羅傑斯將這些資料拿給戈達德的上級，但他們不信服。那些只是大學生罷了，NASA工程師不會陷入僥倖偏誤的。懷疑的羅傑斯安排研究人員複製實驗，將實驗加入NASA既有的會議日程。

研究人員最終選擇了經驗豐富的NASA主管作為樣本：平均來說，他們在NASA待了十四年。但他們還是跟大學生一樣容易有僥倖偏誤。那些僥倖靠著好運成功的主管，NASA工程師也給了肯定的評價。此外，工程師還被問到，如果由他們來負責相同任務的後續階段，會怎麼做？他們也會採用先前的冒險策略。不知不覺間，他們都把運氣當成了標準作業程序。

根據這些研究結果，NASA改變了行事方法。

雖然NASA工程師一直非常善於找出錯誤（他們不會讓相同的錯誤重複兩次），但領導階層承認，他們並不擅長檢視可能導致錯誤的那一萬個決策。

而且他們對成功經驗的理解甚至更少：他們只是重複相同的方式，期待有相同的結果。這完全就是個「如果沒壞，就別去動它」的例子。

羅傑斯將實驗的虛構登陸報告用於戈達德中心的員工訓練。結果，那些主管都陷入了僥倖偏誤。但當向他們說明結果時，「大家都很震驚，覺得好像被冒犯了」。他們不敢相信自己的決策這麼容易被誤導。

以前，NASA的員工會將需要的報告歸檔，卻沒有人去看。現在報告有人看了，而且期望能將吸取到的教訓付諸實行。團隊成員必須勇於發聲，但羅傑斯說，要付諸實行通常有困難。

想像一個工程師在自己的辦公室，猶豫是否需要測試一個齒輪。沒有證據證明齒輪損壞，但他知道齒輪放在架上有一陣子了：或許它沒有以前那麼堅固了。他問：「我們可以測試一下這個嗎？」。當然，這要花上五百美元，團隊的工作還會延遲幾個小時，但這還不算大問題。

對比兩個星期後，同樣的情況和同樣的工程師，但地點卻在火箭發射台。火箭引擎正轟隆作響，倒數計時的聲音迴盪在空中。如果他問，「我們可以測試一下這個嗎？」完全相同的測試在此時得花上五百萬美元。必須停止發射，重新安排新的發射時程可能還得幾個月。還是沒有證據證明零件損壞：那只是他的直覺。所以他拋開疑慮，任務繼續進行。

那種壓力在任務之前瀰漫在NASA的走廊：又稱「發射熱病」（launch fever）。

根據喬治城大學的研究，消除僥倖偏誤的良方之一，就是特地停下來想想當前問題的風險。因此羅傑斯創立了「停下來反思」（Pause and Reflect）的計畫。每幾個月便要求團隊評估任務的進度，包括分析風險決策。這就像事後檢討報告，但不是等到行動發生才做。

這也有助NASA的工程師了解整個任務，可以看到他們冒的險對整體大局會有什麼影響。

羅傑斯解釋：「我們身在充滿風險的行業，但風險不該阻礙我們做決策。」必須不斷地重新評估、分析風險。你不會聽到有NASA的主管說：「我們上個星期討論過了，所以就繼續吧。」而是持續把風險議題拿出來討論。冒險應是他們**仔細考慮後決定**去做的事。任務的命運，不再取決於因疏忽或偏見思維而悄悄混入的多餘風險。

他們現在明白，那些自以為很會躲子彈的人，終究會被子彈打中。

2 贏家都有多焦慮？

你可能有注意到，人類大腦花了很多時間思考根本沒發生的事，以及可能永遠不會發生的事。即便這些事情只是**差點**發生（或可能發生），仍讓我們的意識察覺到了，所以我們會像真的發生般去反覆思考。

伊利諾大學的研究人員發現，一個普通人在一個普通的日子，所有思緒當中有三％都用在思量這些差點發生的事，以及其他可能的情境。這些稱為反事實思維，因為它們是條件性思維，而開頭的假設條件是與事實相反的：「要是我用另一種方式來做⋯⋯」或是

「要是我沒有犯那個錯……」。這些強迫性的雜念，通常感覺像是沒用的干擾。

我們另外六%的念頭在比較時間，對比現在與過去，或者現在與未來。我們花了很多心力在回顧過錯和誤判上，即使那些都已經過去了——而我們又為下次可能出錯而焦慮。我們還會迷失在詩情畫意的夢境中，幻想如果一切順利會如何發展。

我們又有三%的念頭是在比較自己和別人，並從負面或正面來評價自己。

加總起來，我們有一二%的念頭都是透過比較來自我評價。**而這還只是普通的一天**。在比賽的前後，這些念頭的數量更會暴增，特別是在困難的比賽之後，或者是在早料到會困難的比賽之前。

傳統的觀點認為，我們應該去除這種持續不斷的自我比較，以便減少焦慮，因為焦慮會導致犯錯。

我們理所當然認為，正面情緒對表現有益，例如快樂，而負面情緒則會削弱表現，如焦慮和怒氣。前幾十年的心理學就是建立在這個概念上，唯一的問題是，有大量的證據違背這個前提。

焦慮一定會損害表現的觀點根深柢固，相反的論述因而飽受爭議。一些學者決定區分清楚**身體焦慮**和**認知焦慮**。身體焦慮是生理狀態：心跳加快，雙手冒汗，血壓升高，喉嚨乾澀，臉部發熱，肌肉緊繃。認知焦慮是精神狀態：無法控制思緒，預先想到問題並為之痛苦，擔心遭到非難。一般認為，認知焦慮和競賽表現肯定呈反比。

其實不然。資料同樣非常混繁，而且在許多研究中，認知焦慮和佳績聯袂出現。一個上升，另一個也跟著上升。而身體焦慮會抑制上限的理論，也就是過高的生理反應會損害表現，在實驗室或實地現場都站不住腳。

研究人員將活動中的焦慮程度量化，範圍從最少的二十分到最高的八十分。但是焦慮分數低沒有導出更好的成績，不是表現最佳的人就對壓力免疫。情況正好相反，傑出運動員在巔峰表現之前的焦慮程度，往往從低點的二十六飆升到六十七。電影兼舞台劇演員霍普（Bob Hope）在上台之前總是焦慮得不得了。根據研究人員古德曼（Gordon Goodman）所說，霍普告訴傳記作家，如果他不緊張，那場表演就不會順利。

儘管曾提出一些解釋，卻都未能成功，但俄羅斯心理學家漢寧（Yuri Hanin）提出焦慮與運動表現的理論，後來受到廣泛的測試也獲得了認可。漢寧假設，每個人都有「**個人最佳功能區**」，即對表現有益的焦慮程度。有些選手需要更高的焦慮才能達到最佳狀態，其他人需要的則低很多。甲選手可能需要三十分的焦慮，而乙選手可能需要六十分。甲選手**總是**在三十分左右表現最好，而乙選手則在六十分左右能有最佳表現。從非常激烈到不那麼激烈的運動，每種運動員都被要求在上場前填寫焦慮量表。在整個焦慮光譜上，幾乎每個焦慮程度都記錄有優異表現。自漢寧提出理論以來，個人最佳功能區已經應用在非運動的領域中，從演員克服怯場，到士兵參與軍事行動。

發揮最佳表現的焦慮程度，不會比正常生活的水平高太多。一個平常很放鬆的人，在稍微自在的情況下表現得最好。一個平常較緊張的人，在高度亢奮的情況下表現得最好。

重要的是得意識到，身處壓力與身在痛苦之中是有區別的。就像我們從COMT基因研究了解到的，有些人**需要**壓力才能發揮最佳表現。再回想普林斯頓學生的挑戰實驗——沒人告訴學生要「冷靜」，但他們是這樣**解讀**這項任務的。

哈佛大學研究員賈米森（Jeremy Jamieson）曾找準備考GRE的大學生做兩項類似的實驗。學生參加模擬考試，並在考試前後提供唾液樣本。學生在模擬考卷的封面看到以下內容：

> 本次研究的目的是調查考試期間生理激發與成績的相關性。因為在標準化測驗中感到焦慮實屬正常，所以唾液樣本……將會加以分析，觀察顯示激發程度的荷爾蒙。

其中一半學生看到的就是這些，但另外一半還會得知：

一般人認為，在接受標準化測驗時，焦慮會讓人考試表現欠佳。不過，近來的研究顯示，生理激發不會損害這些考試的表現，甚至可能有助於成績……考試時焦慮的人說不定考得更好。這代表萬一你在今天的GRE考試感到焦慮也不必擔心。如果你發現自己有焦慮的感覺，只需提醒自己，生理激發可能幫助你考出好成績。

將焦慮重新定義為積極正面的興奮狀態，讓第二組學生犯錯較少：即使控制了平均成績，他們的模擬考分數也高出了五十分以上。

需要澄清的是，這一丁點資訊不會降低他們的生理壓力，他們的壓力荷爾蒙濃度其實**更高**。這只是改變了他們對壓力的看法和解釋，因而能夠將壓力轉化為專注與決策能力，並將這點牢記在心。在真正的GRE考試上，他們的分數比對照組高六十五分。

如果你還記得，我們在本書的一開頭就知道，德國的國標舞者**全都**因為在裁判面前表演而感到壓力，甚至連比賽經驗超過十年的舞者，都受壓力的生理反應衝擊。但他們對壓力的解讀未必都一樣。

業餘和職業競爭者的真正差別在於如何解讀焦慮。不管是男性的橄欖球選手、女性的排球選手，還是鋼琴演奏家，業餘人士普遍認為焦慮是有害的，而專業人士則通常認為焦慮是有益的。他們承認自己焦慮，但是依然自信一切都在掌控之中，而且自己準備充分，可以達成目標。他們有壓力，但不覺得受威脅。在這種心態下，更高的生理激發有助他們發揮最佳表現。

所以，目標不盡然是讓競爭者平靜到放鬆的地步，而是幫助他們進入最佳狀態，不管是三十還是六十的焦慮分數。

3 加減法思維是克服阻礙的關鍵

我們的思維必須積極正面，這個概念源自何處？

正向思考運動起源於一八八〇年代的宗教思想體系。正向思考被視為接近上帝與完成上帝工作的一種方式。皮爾（Norman Peale）牧師一九五二年撰寫他的自助經典《向上思考的祕密》（*The Power of Positive Thinking*）時，也是在宣傳基督教的觀點，讓人看到上帝的恩典在這世上發揮作用。

但是從皮爾到今天，科學的思路慢慢取代了宗教的絲絲縷縷，對正向思考的詮釋也轉變為達成幸福安樂的方法。

人通常會被建議要將挫折失敗封閉在過去，不要陷入那些思緒，同時還被警告，應該避免去想未來可能出錯的事。令人擔憂的是，負面情緒本能地會引發焦慮和恐懼，輕則將你推向預防導向，重則讓你持續處在受威脅的狀態。而解藥就是訓練正向思考，絕對不讓負面的想法或情緒拖垮你。否則，負面想法會自我應驗，就像說「不要想著粉紅色的大象」，肯定會觸發腦中浮現粉紅色的大象。負面偏誤導致大腦去尋找確證，凡事都想到最糟的一面，就為了證實自己毫無價值。

有鑑於此，正向心理學的願景不再限於許諾快樂和普通的幸福安康。在過去十五年中，學說理論已經擴展成為一種「取得成果」的技巧。如今，它被宣稱能幫助我們實現生活中各種目標，從實現職涯夢想到完成企業的銷售額等。

問題是，對你的幸福有益的，不見得在競爭的情境有效，或有助維持實現目標的動力。在幸福的領域，諸如野心勃勃、主宰支配，以及完美主義等特性，都被認為是需要治療的心理疾病。但在上場表現或努力達標時，這些特性可能都是合適的。值得重申的是：

競爭時需要的心理狀態，未必都是社會可以接受的。

當目標是競爭，正向心理學反而成了障礙。正向心理學過度禁止負面想法，否決了對過去表現批判思考的價值，而批判思考卻是從錯誤中吸取教訓，並調整未來策略所不可或缺的。

正面積極的精神喊話未必會帶來由衷的正面信念，而通常只是空洞的說辭。但就算那些話讓你對自我效能產生真誠的信念，也沒有太多預測作用。自我效能的確會讓人選擇競爭，但跟實際表現不太相關，而且競爭的層級愈高，關聯就愈弱。某種程度上，內心有懷疑的人其實表現最好。心中有點懷疑會讓你不低估對手，也確保你會真的挑戰自我極限。

說到「取得成果」，科學說那不是正向思考的力量，而是正向思考的**危害**。事實上預見錯誤有助於獲勝，而想像自己站在頒獎台上，可能減弱了你達成目標的努力。

總是想像自己在課堂有出色表現的學生，最終期末成績反而偏低——即使考慮他們在期中考的表現也是如此。而想著「這個星期要完成所有事情」的人，其實也不會完成太多。

現在沒有明確證據證明，安慰自己「你很棒！」有助在競賽中取得更好的成績。一些研究已經發現，負面自我對話與成功表現更相關。責備自己犯錯之後繼續向前的運動員，後來成了奧運選手；那些在比賽中告訴自己很棒的人，卻沒有入選代表隊。

紐約大學及漢堡大學教授歐廷珍（Gabriele Oettingen）得出結論，求職者若花時間幻想夢幻工作，兩年後找到工作的可能較低（如果有天真的找到工作，他們的薪水和受到的肯定都會比少花時間做白日夢的人低）。幻想暗戀對象的女性不可能和對方約會，事實上，她們更可能在五個月後仍然沒有約會對象。

歐廷珍研究需要進行置換髖關節手術的病人，按照他們住院治療前的心態，大致可平均分為兩組。一半主要想著手術帶來的好處：他們暢想著自己跳舞和跑馬拉松，確信會比以前更好。另一半則是滿心恐懼，害怕疼痛以及復健的艱難。他們煩惱著要花多久的時間，才能不用拐杖在走廊裡走動。他們焦慮猜測，手術後生活是否會比之前更糟。

手術後幾週，擔心復健的人比相信很快就能跳舞的人行走能力更好，痛苦也較少。

這些正向想像與幻想的問題就是，讓你沒那麼積極朝目標努力，因為你把成功視為理所當然。歐廷珍解釋：「哄騙自己已經達成夢想，會阻礙你去做實現目標真正需要做的事。」永遠保持正向積極，代表無法預料挫折：那結果就更加令人失望洩氣，進而變成續發性反應，就像網球選手在腦中不斷重播自己失誤的畫面。

難道正向思考真的毫無用處嗎？其實有的，但它的真正益處是在提振和恢復動力。多倫多大學運動心理學家丹尼斯博士（Dr. Paul Dennis），也與NHL（國家冰球聯盟）的多倫多楓葉隊（Toronto Maple Leafs）合作。在休賽期間，訓練量大但收穫不多時，他會讓球員想像他們職業生涯的巔峰時刻，「關鍵在於要根據實際發生過的情況，而不是天真、錯誤的幻想」。他說：「我要他們想像比賽的場景、觀眾的歡呼，與隊友的慶祝，以及賽後與家人共度的時光。想像會給他們希望。如果那一刻發生過一次，就可能再發生一次。」他靠這樣做來重新激起他們的動力和堅持。

但他絕不相信這種想像能讓他們成為更優秀的冰球選手，因為想像不能取代辛苦訓練。他也不會企圖讓冰球選手表現出樂觀、陽光、積極的態度。「很多球員在緊繃、情緒惡劣，或暴躁的時候打得最好。我不會讓他們脫離當初得以達到這個程度的原因。」

我們都需要一套應對挫折的工具箱，但正確的關注點並不是正向或負向的光譜。就像個人最佳功能區的研究指出，並非所有人在冷靜時的競賽表現都最好，也不是所有人都在樂觀開朗時表現最好。決定能否恢復狀況的關鍵，在於我們的思維究竟是加法還是減法。重要的並不是正向與負向思考，而是加法與減法思考。

加州柏克萊大學教授克蕾（Laura Kray）解釋：「加法反事實思維是我們可能做，但實際上並未發生的事。減法反事實則是過去實際發生的事，但我們把它減去了，想想事情如果沒有真的發生，情況會有什麼不同。」加法反事實就像「要是我衝向籃框就好了……」，而減法反事實則像「要是那一球我沒失誤就好了……」。

減法反事實通常在懊悔策略是錯誤還是失敗；加法反事實則著眼於新策略和選項，即如果再發生這種情況，就增加了可用的選擇。

包括克蕾、馬克曼（Keith Markman），以及賈林斯基（Adam Galinsky）等研究人員，都曾在各種不同情境下測試反事實的效用，例如銷售宣傳、談判協商、飛行訓練，以及體育運動。用減法反事實回顧自己表現的人，下次表現會更差，而用加法反事實的人久而久之會表現得更好。這在實驗性研究（受試者被要求以其中一種方式反省）以及自然研究（觀察一般人的實際作為）中都得到驗證。

藉由不同版本的「要是發生的是這樣」來思考，可以避免因過度自信造成的盲點。你可以預測可能出現的問題，然後在腦中反覆模擬，直到想出解決方法。

實際上，加法反事實會觸發一種解決問題的思維模式。它會啟動那些在正向思考、甚至是體驗式學習時非活躍的大腦區域。進行反事實思考時，外側前額葉皮質、背內側額葉皮質，以及後內側皮層似乎會形成一個運作網路。透過這樣的互動，大腦找出尚未採用的最佳路線，並保留這個資訊，直到下次你要做類似的決策。

就算你無法立刻找到解決辦法，啟動這個網路也有好處。反事實思考似乎能促進大腦的創意思考，讓創意神經網路準備就緒。研究也顯示，人在被要求將一連串的反事實想法心智化之後，做創意任務的表現會更好。在面對一個獨特的問題、未曾預料或考慮的情境時，他們更善於找到解決辦法。

歐廷珍曾經去一個學校，裡面的德國孩子正要開始學英語。她請學生寫一篇文章，想像自己掌握這門新語言後所發生最美好的事（回答從「讓我父親引以為傲！」到「跟我最喜歡的美國樂團說話！」都有）。接著，她請其中一組小朋友寫下學英語時可能面臨的阻礙，其他人則繼續暢想他們將會說得多流利。

等到孩子上了三個月英語課後，歐廷珍回到學校蒐集這些孩子的成績。她的實驗產生了顯著的效果。只想像英語變流利的孩子，平均成績大約是「C」；而寫下想像和即將面臨的阻礙的孩子，平均成績是「A」。幾分鐘的批判思考竟帶來一整個學期的進步。並不只因他們更善於應對預料到的問題，而是他們從一開始就更有動機也更努力。

歐廷珍認為一開始帶點幻想可能有效，因為能幫你想像自己能實現的一切。然而，只有去思考一路上的阻礙，才能將崇高的願景變成有約束力的目標。

歐廷珍說，她可以看出他們因意識到阻礙而如釋重負的表情。他們放鬆自在地往後一坐，舒了一口氣。因為現在大家可以判定自己的目標是否真的值得。如果不值得，他們可以繼續過自己的生活。如果**值得**，那麼找出方法克服這些阻礙，就成了主要的目標。例如：我會克服髖關節復健的痛苦，這樣就能自己行走了。我會少玩電玩遊戲，這樣就能練英語了。我會持續練習打長距離球、繼續上網，諸如此類。此時的目標不是希望困難消失，而是克服阻礙。

4 憤怒刺激選手走得更遠

日本研究人員吉江路子在一連串的研究中，調查職業鋼琴家練習與比賽的情況。吉江路子錄下他們的排練和表演，並測量他們的心率、自述的焦慮和數種其他生理指標。她舉辦了比賽，邀請聲望高的裁判，提供獎金，還吸引相當多的觀眾。平均來說，這些鋼琴家都練超過二十年了。

不過，吉江比賽的壓力確實影響了鋼琴家的表現。大多數在比賽中的表現都比排練時**更糟**：犯了更多細微的失誤。鮮少有人比賽的表現跟練習時一樣好或是更好。此外，他們的生理也體現了心理狀態。心率平均每分鐘增加三十四下，並會出汗。肩膀和手臂肌肉更緊繃，光是這點就會損害他們的表演品質。彈奏音符的速度更快，彈琴也更用力。

優勝者有別於失敗者之處，不在於排練的表現多出色，而在於比賽時能否發揮跟排練一樣的水準。

就像那些焦慮的鋼琴家以及緊張的國標舞者，近來一項針對職業演員的研究裡，將近七〇%的人表示在最近的角色中，都得跟怯場情緒對抗，而他們擁有的經驗並未讓他們免於擔心。

看來，熟未必能生巧。即使「練習時完美」也不能達到完美。在最高層級競賽脫穎而出還需要更多——需要控制身體的生理反應。

我們先前提過，競賽壓力會觸發大腦的反應，但這還只是開始。根據研究人員孟迪斯（Wendy Mendes）與布拉什科維奇（Jim Blascovich）的說法，威脅狀態有其他非常實際的生理後果——一連串隨之而來的生物反應。

威脅狀態下心率會加快，但心率變異度會減少——就算你只是站著不動，心跳也重得能聽到。我們的血管內壁都由平滑肌組成，可以收縮或舒張血管。威脅狀態下血管會收縮：所有血液基本上無處可去，血壓會驟然升高。肺部鏡射血管同樣也會收縮，因此流過的氧氣較少，也更容易疲累。儘管燃燒細胞裡儲存的葡萄糖會短暫爆發一陣能量，但很快就枯竭，讓你覺得無法再恢復精力。所以想在威脅狀態下競爭幾乎是不可能的，無論你是體操選手、鋼琴家，還是考期末考的學生。

而依孟迪斯與布拉什科維奇的解釋，在挑戰狀態下，壓力依然存在，但是根本的生理情況不同。隨著心率升高，血管擴張，血流也跟著改善：氧氣迅速流過全身令人精神煥發。身體轉而利用血糖和更多的游離脂肪酸，提供即時的能量提升。甚至血液的血小板濃度也會變高，如此一來，萬一受傷了，身體也準備好為自己包紮並繼續奮戰。生理幫助心理努力求勝。

在兩種狀況下，這些變化都是正腎上腺素與腎上腺素的結果。這兩種化學物質驅動血管舒張／收縮、產生葡萄糖，以及肺部功能運作。由於兩者經常前後出現，常常被不精確地說成是以相似方式運作。實際上，正腎上腺素會轉變成腎上腺素。比賽激烈時，身體湧動的腎上腺素是正腎上腺素的四倍。正是這種化學混合物決定了身體的反應。控制血管舒張與收縮的神經直接延伸到脊椎。如果感到害怕或受威脅，混合物會含有更多的正腎上腺素，觸發血管收縮。但當大腦將情況解讀為有挑戰性但做得到，就會以適當的比例供給腎上腺素，使極為重要的血管與肺部舒張。腎上腺素也會促進肝臟的葡萄糖製造。

臨場焦慮的生理影響極其嚴重，導致有二七％的專業音樂家在演出時，經常使用乙型阻斷劑（阻斷正腎上腺素與腎上腺素的處方藥）。大部分歌劇主演也會使用這類藥物。

藥物干預不是唯一的解決辦法。世界各地的職業運動團隊都聘請心理學家，教導運動員刻意控制對壓力的身體反應——有意識地確保自己處在挑戰狀態，而非威脅狀態。

舉例來說，讓運動員觀看他們比賽表現的錄影帶，同時戴著有電極的帽子，測量每次大腦活動的情況。他們不是觀看自己的成功經驗來累積正面印象，而是反覆觀看自己的錯誤。目標並非分析或批評自己的技術，而是學習保持心態穩定，避免因過去的錯誤而感到恐懼或不安。

理論上，如果選手反覆進行這樣的練習，實際比賽也會更善於應對類似情況。要試著訓練杏仁核和前扣帶皮質，不要在犯錯時過度反應。努力保持在大腦放鬆專注的Alpha波，避免忙碌恐慌的Beta波。學著有意識地放慢呼吸，進而調節他的心率和血管舒張。義大利國家足球隊在二〇〇六年世界盃取得勝利之前開始做這種訓練，從此這種方法就傳遍整個職業運動界。

保持冷靜是維持最佳生理狀態並避免血管收縮的方法。但就像我們提到過的，許多運動員在低激發程度時發揮不了最佳實力。

為了找出運動員的個人最佳功能區，運動心理學家通常會請運動員回想自己在表現最佳和最差時的情緒狀態。在這些訪談（通常為了學術分析而收集整理）中有意思的是，運動員常常稱他們的最佳表現出現在憤怒、想報復，或怨恨的時候。

討論憤怒時，有必要區分「特性」憤怒和「情境」憤怒。前者是一個人隨時都容易生氣——（這絕對不健康）。但情境憤怒就大不相同。用憤怒來回應衝突的人，情商分數比較高，同時生活滿意度較高，也更加幸福。

觸發情境憤怒的，是應發生和已發生的事出現斷裂，就是目標被人不當阻撓時你會有的感覺。憤怒的成分中有種不公平的感覺。點燃怒氣的另一個重要成分，就是你覺得你可以對那種不公平做點什麼：有一絲賦能的感覺，還有一絲希望可以改變局勢、糾正錯誤。若沒有那一絲希望，你會感到被阻礙的絕望而非憤怒。

就像我們把焦慮和表現不振連結在一起太久了，也以為憤怒等同於攻擊性。但研究人員發現，相較於懷抱希望或害怕的人，憤怒的人更可能尋求妥協。攻擊性是憤怒者的策略之一，但不是唯一的策略：如果解決了根本的問題，他們就不會有攻擊性而且樂於助人。

當然，如果怒氣過盛，那無疑有反效果。怒氣過盛會使人失去專注、挑剔他人，並違反比賽規則。然而，當人談到自己的巔峰表現時，所描述的並不是那種到頂點的憤怒。他們有時候將自己的感覺稱為「受控制的憤怒」或「可宣洩的憤怒」。這種憤怒使人進入堅定的狀態。

七五%的國家空手道選手覺得怒氣對他們有幫助，這其實不令人意外，橄欖球選手也是。但即使是從來不會跟對手有肢體接觸的運動員，如花式滑冰、體操、划船，以及長跑選手，也有類似的感覺。研究還發現在純粹的認知環境中，怒氣同樣也有好處：帶怒氣考試的大學生成績比開心踏進考場的同學好。

憤怒也會用在軍事的心理作戰：軍官被教導要發展「憤怒結構」與「控制憤怒」這些心智歷程，幫自己堅強度過困難的任務。

在協商談判時，憤怒通常用來當成威嚇對方的手段。而且有大量的證據顯示，這樣的策略多少有效（至少在最初幾輪的談判）。但怒氣也可能有助於談判者本身的表現。在研究室實驗中，憤怒的談判者在處理問題時更加專注。他們對交易成功更樂觀，也得到更多他們想要的。但荷蘭研究人員提醒，談判者只有在相信自己掌控情況時，憤怒才有作用。同樣地，憤怒也在於能否移除妨礙前進的障礙。如果有人踏入會議時迫切渴望達成協議，那怒氣只會減弱他談判的能力：因為他把太多注意力用在生氣，忘了顧及大局。

這一切也都會反映在大腦神經上。當恐懼和焦慮觸發大腦的預防系統，會導致退縮與規避風險。一個人轉換成生氣狀態時，也轉換了神經系統，就像列車跳轉軌道，會啟動增益導向系統、下調預防系統，讓人少了拘束，勇於行動和冒險。

憤怒，釋放了內心的限制與欲望。人往往在憤怒時才終於認清自己想要什麼，欲望也頓時變得更強烈。憤怒不會失焦，反而讓一切變得更加清晰。

憤怒使人更加執著，也更努力追求目標。注意力變集中，干擾則消失了。憤怒讓他們更渴望目標、反應速度更快。澳洲新南威爾斯大學鄧森（Thomas Denson）的神經科學研究團隊發現，憤怒引起的刻意行動會活化大腦的背側前扣帶皮質——這是大腦中與衝突解決密切相關的區域。

冷靜或許是社會比較能接受的通往巔峰表現的途徑。但如果你充滿焦慮，無法冷靜下來，那就找出是什麼在阻礙你。然後試著對那一點生氣，並將憤怒轉化成**有建設性的行動**。

想想遭人拒絕的企業家，決心要證明世界是錯的。想想年輕的作家，為了捍衛自己的才華，積極克服一封封的退稿信。想想有人為了減重、學吉他，或任何其他目標明確的行為，他是如何氣自己沒能進步，於是利用那股怒氣激勵自己。想想饒舌歌手，將城市生活的痛苦掙扎融入音樂。想想年輕的母親，不滿當地學校的素質，決定競選教育委員會。

上述每個例子都可以選擇絕望。而憤怒雖是負面情緒，卻成為了積極的力量，刺激他們走得更遠。

第九章
類固醇與西洋棋

1 鬥智時，影響鬥志的賀爾蒙

二十年前，內布拉斯加大學一位教授去了林肯市（Lincoln）一個頗負盛名的西洋棋俱樂部，詢問會員是否可以在即將到來的比賽中追蹤他們的睪固酮。他們需要做的，就是不時在杯子裡吐口水。

當時大家對睪固酮這種荷爾蒙的看法，就是與肢體及行為的攻擊性有關。那些睪固酮濃度高的人，更有可能被捕、更有可能參與軍事戰鬥，也更有可能離婚。一般認為，睪固酮會把你變成無敵浩克。

很難想像在一場仰賴腦力與理性的策略比賽中，睪固酮會提升表現。真要說的話，或許還會預料睪固酮會讓西洋棋選手表現得更差。

但是那位教授布斯（Alan Booth）心生好奇。好幾項研究都顯示，從事體力性運動的選手，睪固酮在比賽**之前**會大幅上升——身體藉由改變化學性質來為比賽預做準備。布斯想了解，這種賽前睪固酮激增的情況，是否也會出現在非體力性的競賽中？

「我聽說西洋棋選手是一群非常好勝的人，果然如此。」布斯回憶道。

西洋棋俱樂部的九名選手去了一場頗負盛名的地區性比賽，地點是在林肯市的一家飯店宴會廳。比賽吸引了奧馬哈市與其他內布拉斯加州城市的選手，更有來自愛荷華州、堪薩斯州，以及南達科他州的選手。「這些比賽對選手而言非常重要，」布斯解釋。選手的成績會上報給世界西洋棋聯合會（World Chess Federation），因此「比賽紀錄會公開，且對總排名影響重大」。

這一天裡有四輪比賽。每一場比賽都有時間限制，選手必須決定究竟要積極進攻還是要謹慎出招，才能謀得勝利。他們必須精心計算能迅速使出殺招的機會。如果每一步棋都花太多時間尋找最佳走法，最後就得在幾分鐘內，倉促地走完最後十到十五步棋。

布斯讓當地俱樂部的九名選手在每次對戰之前和之間，在杯子裡吐口水。

比賽發生了一些出人意表的事。俱樂部最優秀的選手早早就淘汰出局，另四名選手走到最後一輪，其中一名選手還是希望渺茫、不被看好晉級的。儘管他在九名俱樂部選手中倒數第二，但是那一天，他的臨場發揮非常出色。

令布斯意外的是，選手賽前的睪固酮濃度預言了比賽結果。在他處理唾液並重建時間線時，可以看出在第一場比賽前，最優選手的睪固酮濃度沒有升高。或許是過度自信，身體沒有做好準備，因此輸了比賽。另一方面，排名比他低的隊友早料到這是艱難的挑戰。他們在賽前的增加幅度大很多，且隨著每回合勝利都增加更多。睪固酮沒有讓選手表現變糟，反而變得**更好**。

由於布斯的西洋棋研究，有兩個有趣的問題需要進一步研究。第一是，為什麼以肢體攻擊性而惡名昭彰的荷爾蒙，卻能幫助西洋棋選手智取對手？第二則是一個誘人的可能性，即我們體內的精神內分泌反應，如何**在比賽開始之前**，就能預言誰能獲勝、誰會落敗？

競爭改變了身體的化學物質。比賽愈激烈，變化就愈顯著。

我們的體內有數百種荷爾蒙，但重要的是，大部分只是彼此間有些微的差異，是一連串酵素作用的派生物。酪胺酸變成左旋多巴，再變成多巴胺，再變成正腎上腺素，再變成腎上腺素。睪固酮、黃體素、皮質醇，都是膽固醇的下游轉化物。脫氫異雄固酮變成睪固酮，可能又變成雌二醇與二氫睪固酮，一種比前驅物強五倍的超級睪固酮。同樣地，催產素可以轉化成比前驅物強效一百倍的六胜肽。

由於這些荷爾蒙關係如此的密切，職責通常會有部分重疊。好幾種不同的荷爾蒙可能連接到相同的受體。物質P調節疼痛，而催產素也一樣。催產素和血清素都能振奮情緒。一種荷爾蒙或許會立即發揮作用，而另一種發揮相似效果則需較長的時間。此外，當一種荷爾蒙已經連接到受體，會將其他荷爾蒙阻擋在外，這種情況可能是局部或是全部，端看它連接得多牢固。

雖然荷爾蒙百百種，但競爭時它們會集合起來執行幾項基本任務：讓我們行動的準備做得更多或更少；對贏得挑戰更加或更不感興趣；讓我們害怕的感覺變多或變少；情緒更強烈或更弱化；對疼痛的敏感程度更高或更低；對不公平的惱火程度更高或更低；對周遭其他人的感受有更多或更少的理解。

在本章中，我們希望更深入探討幾種關鍵荷爾蒙的作用，也幫助我們更清楚了解競爭中究竟發生了什麼。

2 被誤解的睪固酮

布斯的西洋棋研究過了二十年後，英國一份針對外科醫生的研究，同樣發現了睪固酮的預期效應。學者取得口腔顎面外科醫生上午進行複雜手術之前的血液樣本，包括癌症手術以及術後顏面重建手術。這些手術需要外科醫生切除罹癌的骨腫瘤，將骨盆的骨骼移植到臉部，並重建神經與臉部肌肉，恢復病人的表達能力。

就像西洋棋的研究，學者發現外科醫生的身體已經預料到了艱鉅的挑戰。手術愈複雜、要移除的腫瘤愈大，手術當天上午醫生血液裡的睪固酮就增加得愈多。而且這些都是經驗豐富的外科醫生，年齡介於四十二到六十歲。基線睪固酮在成年初期達到高峰，之後隨著年紀漸長而持續下降，但這不代表年齡較長的成年人無法**應對**近在眼前的挑戰。以要求最苛刻的外科手術來說，醫生預先提高產生的睪固酮增幅高達五倍。

睪固酮提升了優秀外科醫生與西洋棋大師的表現，效果跟對舉重選手及全壘打打擊手一樣，這樣的結果徹底改變了科學界對類固醇的看法。

「我喜歡**從專注強度去看**睪固酮，而不是攻擊性。」布斯在斟酌過去二十年對荷爾蒙的研究時如此說道：「它提升了我們應對一項活動的專注強度，增強對挑戰的反應。」

「睪固酮**是**動力。」烏特勒支大學的實驗心理學家宏克博士（Dr. Jack Honk）在對同行的簡報中說。他曾進行讓受試者服用舌下睪固酮的多項實驗。「沒有睪固酮，就沒有動力。當服用舌下睪固酮，便準備好要行動，你會準備好迎戰，沒有恐懼，沒有遲疑。」

「準備好迎戰」的能力，有部分是由在子宮內的胎兒期大腦發育決定（幾章前我們提過），有部分**也是**後天訓練的反應。競爭者學會確認未來的比賽，而他們的大腦也需要將之標記為重要的挑戰，才能啟動睪固酮反應。

比方說，布斯的西洋棋俱樂部會員也參加一場全市比賽，這場比賽對選手來說既不那麼有聲望，也不那麼重要。在這種情況下，極少選手有預先反應——幾乎沒有人當一回事，所以他們的睪固酮濃度不能預測表現。

這可能是正向思考有時適得其反的原因之一，正如我們在上一章提到的。如果你想像自己輕鬆取勝，那麼虛妄的過度自信就沒能觸發睪固酮反應。但如果你想像的是一場勢均力敵的比賽，需要窮盡所有的**阿睿提**才能贏，大腦就會將這場賽事標記為重大，你的身體也會開始產生所需的睪固酮。

如果說腎上腺素是身體對挑戰的即時反應（三十至四十秒間產生脈衝並燃燒），那麼睪固酮更像是一種中期反應。大部分多出來的睪固酮會在九十分鐘左右燃燒殆盡。腎上腺素有立即的效果，因為它會刺激貫穿脊椎的神經。睪固酮沒那麼快，因為它是透過血液循環傳導。這種荷爾蒙的作用廣泛，遍布全身，可產生合成代謝的能量並增加細胞的大小，但是就我們的目的而言（我們感興趣的是它對心智的影響），它有雙重作用機制。

睪固酮是一種很小的類固醇，足以從流動的血液穿透血液與大腦的屏障。它進入大腦細胞的細胞質，通過雄性激素受體，直接進入細胞核。到了細胞核後會與DNA結合，進而改變DNA的轉錄速率，大幅提高了重要神經傳導物質的產生。透過這個機制，睪固酮會提供額外的神經傳導物質，為競爭做好準備。這是競賽**之前**要啟動睪固酮的重要原因，就像是在貯存軍備。

大腦細胞**外面**也有雄性激素受體，雖然並非遍布整個大腦，但主要集中在連結杏仁核、下視丘、腦幹的網路。藉由連接到這個網路的神經細胞外部，睪固酮對感知、情緒、認知，以及行為產生更直接且即時的影響。

要在競賽中成功，需要做出平常會受恐懼抑制的冒險行為。這正是睪固酮的作用之一，透過影響杏仁核來減弱恐懼反應。另一方面，它連接到大腦獎勵系統的雄性激素受體，使大腦對比賽的獎勵更敏感，從而激發足夠的渴望來克服抑制。結果就是：對風險的恐懼變少，對獎勵更有動力。風險—獎勵的計算因此發生改變。

雖然睪固酮讓你冒更多的險，但不會讓你去冒**愚蠢的**風險。對西洋棋手、臉部整形外科醫生、金融交易員等人的研究都顯示，睪固酮能幫你辨別聰明的風險，並果斷行動。這種原本被認為會讓人變得不理性和依賴原始本能的化學物質，其實能幫你變得更理性。

睪固酮去除了我們對不確定性的情感戒備，會將情緒的Delta腦波與認知思考的Beta腦波脫鉤。雖然我們在比賽期間往往非常情緒化，但睪固酮能防止這些情緒妨礙認知處理。

最近有一項日本將棋競賽者的研究正好聚焦於此。比賽期間，會評定競賽者究竟是用情感下棋，還是用認知下棋。研究發現，睪固酮增加較高的人是用認知下棋。

或許最值得注意的證據，是范宏克給受試者睪固酮之後，讓他們做數學能力測驗。結果顯示，他們的分數提升了九%。

在睪固酮的魔力之下，你會更善於分析思考，幾乎達到超理性。這個說法多少有些令人震驚。

不過，超理性也有缺點：好爭辯。當對手打破規則，高睪固酮的人**反應**更加強烈。他們對對錯的感知會被放大，甚至轉化為憤怒。如果他們表現出攻擊性，那通常是出於報復。他們不會主動挑起衝突，但一旦有人打破規則，他們就會變成執法者。這一點已在研究中得到證實，無論是自然睪固酮反應較高的人，還是透過口服補充睪固酮的受試者，皆展現出相同的行為模式。

在前一章中，我們探討了憤怒源於對不公的感受。許多有競爭意識的人無疑會認同這樣的描述。他們認為自己好強求勝，但也是遵守規則的人。只有在有人違反規則時，才會激怒他們。

如果回頭想想無敵浩克這個比喻，其實也不算錯。只是要記住，浩克也是漫威超級英雄的一員。當他不是綠色怪物時，他是傑出核子科學家布魯斯·班納。而當他變成綠色怪物時，他是在對抗壞人。是**對方**先出手的。

無敵浩克的創造者李（Stan Lee）曾想過：「創造一個怪物，還讓他當個好人，豈不是很有趣？」他的靈感也來自猶太神話中的「魔像」（Golem）。魔像保護了布拉格的猶太人，免受神聖羅馬帝國皇帝魯道夫二世（Rudolf II）迫害。起初，浩克想要擺脫自己的能力，以免傷害到人，卻被迫使用那些能力來保護女友。最後，他逐漸學會控制這股力量，並打敗了像是雙頭人、札克斯、殘魔惡煞，以及雷霆·羅斯將軍等反派。

就跟浩克一樣，睪固酮不是壞人，只是被誤解了。

3 是對手，還是交朋友？

犬展是美國文化史上令人意外的一部分：知名的西敏犬展競賽甚至比電燈泡的發明還早。犬展雖然是個小眾產業，但競爭極為激烈：狗主人一年花在犬展相關的費用大約三．三億美元。冠軍犬的花費一年更可能高達二十萬美元。其中，最受歡迎的狗狗競賽形式之一，就是「敏捷」比賽。敏捷比賽是一種狗狗版的十項全能運動，包括讓狗繞著跑道用最快的速度賽跑、跳過跨欄、上下翹翹板、爬過管道，還要靈活穿梭於十根柱子之間（就像小型的障礙滑雪）。狗狗必須在四十秒內通過多達二十二種障礙。速度達到合格時間就被視為「獲勝」，因為狗狗就能拿到入場券，參加更有聲望的競賽。

在最競爭層級的比賽中，通常不是狗主人跟著狗滿場跑。而是由一位專業的訓犬師負責激勵狗前進。訓犬師相當於狗界的賽馬騎師，他們是訓練有素的專家，受聘來訓練狗並帶狗完成比賽。熟練的訓犬師一年參與的比賽多達一百五十場，收費可能達一隻狗每天兩千五百美元（加上差旅等開支）。對他們來說，每一場比賽都是對自身聲譽的考驗。

梅塔博士（Dr. Pranjal Mehta）與瓊斯博士（Amanda Jones）決定去德州聖安東尼奧看一場這樣的比賽，記錄一百四十位訓犬師的荷爾蒙。他們選擇訓犬師的原因之一，是因為男女訓犬師是同場競技，而男性並不比女性更具優勢。

女性體內的基線睪固酮濃度遠低於男性，平均來說，只有男性的七分之一。但是正如臉部整形外科醫生的研究所示，基線水準並不是決定性因素。睪固酮可對挑戰產生反應，這種情況在女性身上是否會出現，有一段時間始終不清楚。許多早期研究也沒有定論。

八十三位男性訓犬師呈現常見的模式：睪固酮在比賽前上升，並在比賽期間持續上升。如果他們贏了，會增加得更多；要是輸了，睪固酮則會下降。但是五十七位女性沒有出現這種模式：和許多其他研究相符，女性訓犬師的睪固酮在比賽期間沒有上升，無論是贏或輸之後，都沒有增加或下降。

雖然調查結果與先前的研究一致，梅塔還是對數據有質疑。在犬展比賽的後台，女性訓犬師會彼此結交，而且和狗主人聊了很多。

根據「照料與結盟」理論，女性在經歷壓力大的處境時，會尋求其他人的友誼來緩和緊張情緒。她們依然遵循童年時學到的兩人成組規則，也就是重視平等，不允許一方占主導地位。

梅塔知道，當兩個朋友競爭，或隊友在練習賽打敗另一名隊友時，睪固酮並不會有反應。當不得不對抗你關心的人，你對他的在意會減弱睪固酮反應。事實上，朋友之間比賽過後通常會出現相反的情況——獲勝者的睪固酮反而會**下降**。

梅塔想知道，女性訓犬師在後台交朋友是否減弱了她們的睪固酮反應。

為了測試這個假設，梅塔與瓊斯在奧斯汀的研究室安排了一場實驗，創造了一個競爭模式，讓女性無法彼此照料和結盟。

當一組女性研究參與者抵達研究室，得到的一個簡短任務是認識彼此。接著研究人員告知兩人，下一個任務是要對決電腦版智力測驗。研究人員隨即帶兩人到房間裡相鄰的電腦。坐下來後，兩位女性的距離讓她們看不到彼此的螢幕，但又足以聽到對方在操作電腦。研究人員強調任務期間兩人不能互動，因為這對兩人的認知能力有高度預測作用。梅塔的其中一名助理在附近來回走動，以確保她們沒有閒聊。測驗本身是一連串難題。每當解決了一題就要大聲通報「完成」，讓另一個人也能聽到。

不過，測驗做了手腳。一名女性拿到的題目容易答得多：她說「完成」並解決的題目是另一人的兩倍之多。果如預期，這徹底打亂了輸家。

因為拉開距離又無法交談，她們的睪固酮反應跟所有針對男性的研究一樣有了變化。

最近幾年已經確認，女性的睪固酮反應跟男性一樣。針對女性網球、排球、職業足球，甚至羽毛球選手的研究，全都證實了這一點。關鍵在於她們必須是嚴肅看待競爭，而且真心在乎結果。

如果對結果不那麼在意，無論性別，睪固酮都不會有反應。所有人跟對手攀談和交朋友，睪固酮反應都可能減弱。

精明的競爭者甚至可能利用這個機制，知道什麼時候要疏遠對手，什麼時候又該刻意跟對手交朋友。

在求職面試時，是否應該跟其他等候的應徵者說話？當一名打擊手到達一壘，必須決定是否應該盜上二壘，那他和一壘手閒聊會有什麼影響？NBA決賽會因為兩隊的超級巨星彼此不像死敵，反而像好友一樣打招呼，而降低比賽強度嗎？

4 愛的賀爾蒙竟帶來攻擊性？

我們花點時間，來談談另外兩種和競爭有關的荷爾蒙吧：皮質醇與催產素。就像我們得知睪固酮並不是一直以來所想的那樣，皮質醇與催產素也是長久以來被誤解的兩種化學物質。

數十年來，皮質醇一直是壓力的代名詞。長期高濃度的皮質醇代表慢性憂慮，而短期的皮質醇增加代表急性壓力。壓力對人不好，因此皮質醇對人不好。它會弱化免疫系統、削弱學習、損害儲存長期記憶的海馬迴，而且與憂鬱有關。

這個描述只有一個問題：我們的身體**需要**皮質醇。皮質醇是我們身體用來代謝食物、產生能量並維持血糖濃度的物質。最起碼在體能競賽中，皮質醇是維持能量持續供給所不可或缺的。

至於皮質醇在競賽期間對心智的作用，則還不太明確。

第一個線索出現在幾年前，當時研究人員開始給受試者口服皮質醇。他們發現給恐懼症患者使用皮質醇時，患者變得比較不焦慮。而且研究人員大膽給這些恐懼症患者施加壓力，他們也沒事，並沒有崩潰。

後續的研究是讓正常的受試者使用皮質醇，然後給他們看憤怒的臉，同時掃描大腦。皮質醇弱化了杏仁核的反應，降低他們對憤怒臉孔的反應。事實上，皮質醇還讓他們平靜下來。

研究人員了解到，不是皮質醇引起壓力，反而是身體為了**因應**壓力而產生皮質醇。它是身體對抗壓力的解決方法。

長期高濃度的皮質醇，可能代表一個人的生活中始終壓力太大：這是問題。但是在急性壓力源（例如比賽）之後皮質醇驟然升高，則是**健康的**反應。如果一個人在競賽時皮質醇濃度高，不必然是有問題。有可能是皮質醇在有效地發揮職責，幫助應對挑戰。

皮質醇不是壓力，而是修護。它是平衡用的荷爾蒙，將身體恢復平衡。

只要是緊張壓力大的情況，皮質醇就無處不在，因而科學長久以來誤解了它的作用。就像注意到救護車總是出現在車禍現場，或許有人就會得出錯誤的結論，以為是救護車導致車禍。其實，它們是來救援的。

以本書開端的那些德國國標舞參賽者來說，無論他們有多少經驗，在比賽前和比賽中，所有人的皮質醇都會大幅上升。同樣地，這未必代表他們難過憂慮。對成功的競爭者來說，皮質醇上升是在管理壓力，好讓他們好好發揮。

它是怎麼運作的？一種方式是抑制杏仁核減少恐懼。另外，我們上一章說過腎上腺素會轉為正腎上腺素，皮質醇也是這個轉換比例的祕密因素。如果你還記得，正腎上腺素會導致血管收縮（不好），而腎上腺素會讓血管舒張（好）。皮質醇會上調將正腎上腺素轉為腎上腺素的酵素。皮質醇提高了轉換率：這兩種荷爾蒙之間的比例因此得到改善。

總之，我們不應該還有皮質醇是促進競爭的荷爾蒙的印象。不是的。真要說的話，皮質醇會緩和競爭的欲望，讓你比較不關心結果。皮質醇和睪固酮互相調節，一個試圖阻止另一個。所以在比賽期間，兩者都迅速升高很常見，因為這正是我們在比賽時的感覺。有那麼一瞬間，我們活力充沛而且信心十足。但下一刻，我們的熱情減弱而且稍微走神，沒有那麼拼命。如此來回往復。

當有人輸掉一場比賽，事後身體通常會爆出最後一波皮質醇。這也是一種適應作用：幫助精神開始恢復再生。皮質醇讓你沒那麼在乎結果，幫你將那些拋在腦後並繼續向前，讓你停止關注並忘掉失敗。

現在仔細看看圖表9男人的雙眼：

你會說他擔心不安？還是會說那是內疚的眼神？還是會說他感到尷尬？

這雙眼睛是名為「眼神辨識」（*Reading the Mind in the Eyes*）測驗的三十六組眼神中的其中一組，該測驗由劍橋心理學家柯恩（Simon Cohen）設計，可測量一個人準確判讀他人細微情緒表達的能力。

圖表9：男人的雙眼

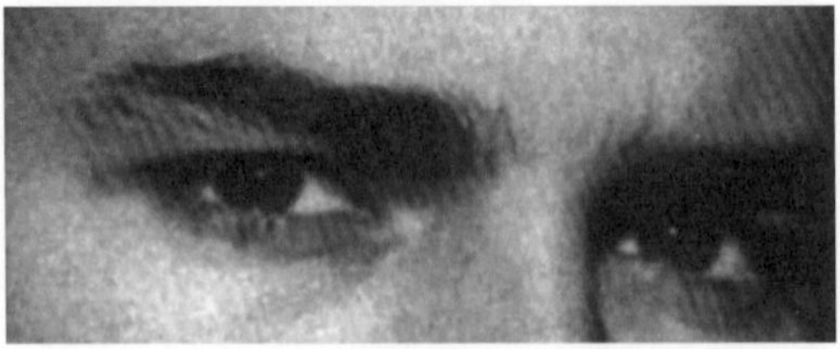

雖然這一個眼神相對容易（他內疚），但測驗整體非常困難。

要是遇到一個人出現這種眼神，你會怎麼做？再次強調，在玩鬧間培養的成功攻擊特質，成為知道他在想什麼以及如何反應的關鍵因素。

如果給受試者一劑催產素，他們的眼神辨識測驗得分會較高。人際知覺作業（Interpersonal Perception Task）的分數也較高，這項作業是一種影片測驗，需要受試者觀看兩個人的肢體語言，從他們的互動推測兩人之間的關係。

催產素是眾所周知的「愛的荷爾蒙」。它會在母親給嬰兒哺乳、性高潮時分泌。這種化學物質能建立深刻持久的連結，即使它在大腦中只持續幾分鐘就衰退消散。只需要一個擁抱，它就會噴發。不過最新的科學顯示，這種擁抱荷爾蒙在挑戰賽中也有重要作用。

它會幫你辨別敵人。幫你從對方的眼中看出意圖。

以前科學家就知道，催產素會讓人更信賴他人。但是當他們給邊緣型人格障礙病患催產素，希望讓他們對人有更多信任，卻意外發現有反效果，催產素反而讓病患更不信任人。催產素確實能幫哺乳的母親和嬰兒建立親密連結，但也讓母親變成「母熊」，隨時準備保護她的孩子。研究發現，親餵媽媽的攻擊性是瓶餵媽媽的兩倍。

另一項由孟迪斯博士進行的研究中，女性被注射催產素，然後被置於一種社交壓力情境中，讓她們遭到抵制和排斥。結果發現，催產素沒有讓她們平靜下來，反而讓她們變得憤怒。催產素會減少我們對情緒的壓抑。如果你感受到的是愛，那份愛會變得更強烈。但如果你感受到的是憤怒，那麼催產素會釋放出更猛烈的怒火。

阿姆斯特丹大學的德勒博士（Dr. Carsten De Dreu）也透過給受試者施用催產素來研究其作用。他表示：「催產素的實際作用，是將其他人標記為圈內人或圈外人。」它驅動大腦去確定某人究竟是敵還是友。如果大腦判定對方是「朋友」，那就會觸發友善的行為。但如果判定是「敵人」，那就會激起謹慎、戒備及攻擊性。不久前的一項研究，德勒給受試者注射催產素，然後讓他們從一批臉孔中選出願意結盟或是納入自己團隊的人。在催產素的影響下，他們選出了外觀更具威懾力、體格令人畏懼的隊友。

我們必須記住，競爭荷爾蒙的演變不是為了幫我們在ＳＡＴ取得更好的成績、幫助我們下棋，或是成為細心的外科醫生。荷爾蒙的演化是為了幫我們直接面對威脅。

根據ＮＦＬ（美國國家美式足球聯盟）截鋒奧赫（Michael Oher）高中時期故事改編的電影《攻其不備》（*The Blind Side*）中，珊卓・布拉克（Sandra Bullock）飾演的有錢人圖伊（Leigh Anne Tuohy），收養了貧困的奧赫。有一天練習時，奧赫一個人也擋不下來，防守方輕輕鬆鬆就繞過他，阻截跑衛和四分衛。奧赫身材魁梧，但他沒有學會在阻截動作中注入熱情或決心。他的教練形容他軟得像棉花糖。圖伊於是從看台上下來，把奧赫拉到一旁。

圖伊提醒他，在他們去城裡治安不好的地區時，他是如何兇狠勇猛地保護她。她又提起，他是如何阻止爆開的汽車安全氣囊傷害她的小兒子。她告訴奧赫：「這支球隊就像你的家人……湯尼是你的四分衛……在你看著他的時候，把他當成是我，想想你是怎麼保護我的……當你看著他，想想我的小兒子，想想你絕不會讓任何人傷害他。」

她教奧赫如何像母熊般思考，並善用他的保護本能。奧赫立刻開始在一次又一次的比賽中擊倒防守方的前鋒。

那一幕中的圖伊就像催產素在大腦中的作用。愛與攻擊原來是交纏在一起。

這種對催產素的新認識，直指競爭本質中的哲學重要意義。有些人認為競爭是培育的對立面，爭鬥是愛的對立面。但其實它們是彼此的核心，而且是並行的力量。我們為了保護自己的團隊而全力競爭。我們為了所愛之人而拼命奮戰。

5 競爭力強的人自私嗎？

有個鮮明的例子顯示一般民間對睪固酮的了解錯得多離譜。劍橋大學的實驗心理學家艾森格博士（Dr. Christoph Eisenegger）找來一百二十位女性，玩三輪賭錢遊戲：每一輪她們可以跟對手分享彩金，或是拿走對手的彩金，之後她們可以把贏來的錢帶回家。遊戲之前，艾森格給所有人一種物質放在舌頭下。他告訴她們，那個物質不是睪固酮就是安慰劑，但他不會告訴她們是哪一種。

在玩過遊戲之後，他問她們覺得自己服用的是睪固酮還是安慰劑。玩遊戲只顧自己的女性認為自己拿到的是睪固酮，玩遊戲慷慨的女性則認為自己拿到的是安慰劑。

但情況正好相反。拿到睪固酮的女性更常和對手分享彩金。

對睪固酮的**理解**跟睪固酮的**真實情況**正好相反。

民間對睪固酮的認識就是它會讓人自私，讓人不在乎別人對自己的看法。然而睪固酮實際上卻會讓你更在意他人的評價。在艾森格的賭錢遊戲中，帶著獎金回家並不比獲得其他女性的好感來得重要。而讓她們喜歡你的方式，就是分享彩金，即使代表自己會少拿一些錢。

埃默里大學行為神經科學家愛德華斯（David Edwards）對大學足球選手的研究有類似的結果。

在賽季期間，愛德華斯和埃默里的教練團想出一個有十五個項目的選手評分表。這個評分表不是用來評估選手的整體水準，而是一〇〇%用在團隊合作的微小細節。足球比賽時，選手就算沒有拿到球，也必須不斷重新調整位置。他們必須跑動，吸引防守球員離開某個區域，讓隊友能夠接應傳球。防守時，他們必須提供隊友支援。他們必須非常賣力，跑很長的距離，即使不一定會有回報。他們還必須用臉部表情、手勢，以及不會讓人覺得頤指氣使的溫和語氣和隊友協調。當隊友用計欺騙對手，球員必須能夠看穿把戲，讀懂隊友的真實意圖。這十五個問題的球員評分表，抓住了團隊比賽的真正核心。

在賽季結束前一個月，男子球隊的二十二名選手都要給隊友評分。所以每名選手會收到二十一份評分。最終，每位選手的總分反映出了整個團隊對他的真實看法。

愛德華斯沒有給選手看評分結果，因為不希望干擾這支全國排名前十的球隊。例行賽季的最後一週，球隊有一場大型主場球賽，將影響球隊在全國聯賽的種子排名。埃默里的所有人都在為球隊加油，而愛德華斯和他的研究生則是為了特殊目的觀看比賽。他們在球賽前取得了唾液樣本，用來測量球員的荷爾蒙，比賽之後也會立刻再次取樣。

男子隊在兩次加時賽以一比零獲勝。

愛德華斯分析後意外發現，樣本顯示出一個非常明顯的模式。球員的睪固酮在比賽期間上升得愈多，他的團隊合作評分愈高。團隊評分最高的選手，比賽期間的睪固酮增加將近六〇%。分數低的選手，也就是自私的選手，睪固酮則沒有增加。他們不在乎隊友對自己的看法，他們不願意傳球、不跑動，也不願溝通。

睪固酮並不是直接讓那些更有團隊精神的球員多傳球。它的作用是讓他們更在意隊友的看法，並願意付出更多努力來贏得尊重。

從這一點來說，睪固酮會根據社會環境進行調節。不管贏得他人的尊重需要什麼，睪固酮都會增加那樣的行為。

在消防員當中，睪固酮濃度高的人通常展現出十足的無畏精神。他們更敢於衝進燃燒的建築，執行大膽的救援行動。但是同樣的荷爾蒙對急救護理人員卻有不同的效果。他們展現出高度的責任心，在緊迫壓力下照料病人，且與醫生良好溝通，更能一絲不苟地執行急救處理。

這是極有價值的見解。每當生物因子在作用，人往往認為是生物驅動心理，我們不過是任由生物樂透隨意擺布。如果你的睪固酮很幸運對挑戰有反應，那你就是中了樂透。但學者們並不這麼看。睪固酮與動機其實是「先有雞還是先有蛋」的循環。睪固酮會提升動機，但動機同樣也會增加睪固酮。當你在乎時（真的在乎），睪固酮就會有反應。

更重要的是，睪固酮不會驅動特定類型的行為。它會促使個體展現出當下社會情境認可的行為。如果你想控制睪固酮的力量（想改變它所影響的行為），那就得改變贏得社會敬重的規則。在足球賽中，自私霸占球的人必須知道，帶球過人並不能贏得隊友、教練、家長或球迷的尊重。在高中的餐廳裡，學生必須知道當老大不會贏得敬重。如果你改變了高睪固酮競爭者所處的文化環境，那麼你就能改變他們為了贏得尊重而做的行為。在企業的董事會、政府大樓、救援人員隊伍、士兵當中都是如此。

第四部

集體競爭

「藝術家就是與上帝競賽的人。」
——佩蒂・史密斯（Patti Smith），美國藝術家

第十章

團隊的階層

1 團隊氛圍改變大腦功能

萊札克在高中和大學前兩年，都不是進入全國排名的游泳選手。他始終沒有全心投入這項運動。高中時，他是籃球隊的控球後衛，還是全美水球選手。他說：「我從來沒有在游泳上傾盡所有。」在加州大學聖塔芭芭拉分校，他開始更努力訓練，也更認真研究游泳技術。「大三那年，我在世界大學運動會有了突破。」隔年，他贏得了全國大學冠軍。

大部分游泳選手在大學畢業後就不再參賽，但萊札克當時才剛進入頂尖排名。從一九九九年到二〇〇二年，他是美國一百公尺自由式速度最快的選手，因此成了接力賽的最後一棒。這也是游泳隊向來的作法：將速度最快的人排在壓軸。但萊札克與眾不同。他能持續擔任最後一棒長達十年，是因為他的接力賽成績總是比個人賽快。「這總是讓隊友更有信心。我在接力賽中總是會快上〇・九秒。」接力出發通常能讓成績縮短〇・六或〇・七秒，但即便扣除這個優勢，他在團體賽的速度仍比自己的個人賽快上〇・二或〇・三秒。

這是怎麼回事呢？

身在團體之中，有機會歸屬於一個比個人更大的集體。即使只是一絲絲的跡象暗示大家有一樣的認同，也能觸發團隊精神。研究人員發現，只要告訴受試者他的生日和研究室的一名夥伴同一天，就會讓他們做起共同的任務更加努力、積極，也更堅持。

這個效應會隨著共同認同的層層累積而增強。共同的歷史、團隊的顏色與吉祥物、來自對手的對抗與障礙，真正連結的地方愈多，投入就愈深。

儘管萊札克因為速度快而擔任美國隊的最後一棒，但是期間卻因敗績而蒙上陰影。美國隊雖有速度最快的游泳選手，然而有長達八年，他們都沒有贏過一次團體賽。萊札克說：「在二〇〇〇年雪梨奧運之前，我們連續稱霸十三屆奧運。這本來是屬於**我們的**比賽。」。美國隊在雪梨奧運有最快的四名游泳選手，但他們都在自己的那一棒表現失色，輸給了澳洲隊。「我們真的覺得讓國人失望了。」二〇〇四年的雅典奧運，他們再度以奪冠熱門之姿出賽，卻再次失利。

不過萊札克在雅典的最後一週有了領悟。其中一場決賽是四百公尺混合式接力賽，由他負責自由式。「那幾個隊友之間有深厚的同志情誼。其他三人都曾在德州大學念書，所以有這個共同點。他們互相打氣，而我也能充分融入他們。你感覺得到，他們因為種種原因想要贏這場比賽，為了他們自己、為了團隊、為了我們的國家。」他深信這種凝聚力在比賽中發揮了關鍵作用。「我們全力出擊稱霸全場，打破世界紀錄，快了整整三秒。」

「我知道我們在自由式接力也需要。」但他始終找不到那種連結感。他以前當籃球員和水球選手時感受過，在游泳比賽卻不曾體會過。他意識到，過去他們站在頒獎台上手牽手，看起來像是一支隊伍，但實際上並不是，而只是四個最快的美國選手罷了。

游泳接力賽和個人賽的差別非常細微，幾乎察覺不出來。唯一的技術差異就是接力起跳方式，但游的距離相同、動作也相同。其他差異只在於心理層面。這使得游泳成了團隊能量的獨特範例，而非團隊合作本身。游泳不像籃球，選手共用一顆球、進行掩護、做區域聯防。游得快或慢，完全取決於接力隊員的感情聯繫，以及這種聯繫對表現的影響。

在北京的水立方場館，萊札克和隊友在準備區，即將走出去下水游泳。來自八個國家的三十二名選手都在那裡。有些人來回踱步以保持鎮定，也有人垂著頭用耳機聽音樂，還有人盯著競爭對手，企圖用氣勢壓倒對方。一般來說，萊札克喜歡在比賽前靜靜坐著放鬆。但是那一天，他決定放棄習慣的程序，將美國隊員們聚集在一起。

他提醒隊友，這個項目曾經連續十三次奧運由美國拿下，這是他們的榮耀，應該奪回它。「我希望我們把它拿回來。我告訴隊友：『我們是一個團隊。我們是一個整體。我們是一**起**游，不是四個人各游一百公尺，而是一起游完這四百公尺。』」比賽開始五分鐘，他們從準備區走過去泳池。「我不記得其他人說了什麼，但我記得他們的眼神。我看得出來每位選手都很專注，而且準備就緒，我的話他們感受到了。我感覺得到我們彼此在乎的化學作用。」

如果你看不見也形容不出來，卻還是能**感覺到**——那這個看不見的要素是什麼？

研究人員將參與者送進功能性磁振造影機，看看身在團隊之中是否改變了大腦功能。他們發現確實如此，即使你只是個觀眾。如果你是個紅襪球迷，觀看紅襪隊的比賽時，判斷跑者是否安全上壘所使用的大腦區域，跟觀看你不關心的兩支隊伍比賽時不同。如果是你沒特別好惡的隊伍，你是理性的，使用的是大腦中決策的部分。如果是自己的球隊，情緒相關的大腦區域明顯活躍。但中立的決策區域會停止工作，取而代之的是掌管「鏡像處理」的下頂葉。你的大腦運作方式彷彿是你在做那些動作。從神經學的角度來看，滑進本壘的不是你的隊友，而是你自己。

所謂鏡像處理，指的是為什麼一個人打呵欠，會引發另一個人打呵欠，或者為什麼有人在會議時翹二郎腿，其他人也會仿效。但鏡像不限於動態動作，還包括**意識**運動鏡像。我們會不自覺地模仿他人的態度、偏見、壓力程度，以及目標。

鏡像處理是團隊中的人透過非言語信號，在不知不覺中互相影響的方式之一。情緒和活力會感染，你可以從隊友身上「捕捉到」迫切感。那是一種無意識的過程，不是你控制的。團隊自有氛圍，每個人都能感覺到團隊何時獲得信心，或何時變得被動和漠不關心。

在走向出發台時，美國隊選手從萊札克那獲得信心。萊札克知道法國隊有最快的游泳選手。但是在前兩屆奧運中，他目睹最快的游泳選手不見得就能獲勝。「我相信我們做得到。我認為我們有很大的機會獲勝。」

2 好團隊，壞團隊

一九七〇和一九八〇年代，美國汽車業遭到日本競爭對手的痛擊。日本車的技術更先進、更安全也更便宜。日本能做到比我們好那麼多，是因為日本的企業文化迥然不同。日本公司是以團體為本：為了公司利益，個人要擱置自己的需求和目標。因此團隊更有效率、更有動力、更創新。

美國汽車製造商開始採用團隊製造。漸漸地，所有產業的公司也都跟著改變。根據針對財星一千大公司的一項多年研究，團隊合作並根據團隊表現獲得薪酬，如今才是王道。一九八〇年代時，只有二〇%的公司採用團體計薪方式。二十年後，這個比例已經跳升至八〇%。團隊已經如此普遍，導致美國教育界也有愈來愈多在課堂中採團體學習，因為相信孩子未來的職場勢必是這樣的環境。

幾位學者注意到，團隊有一種「無法抗拒的社會吸引力」，因為團隊被視為民主化的結構，能夠使那些在階層體制中感到被埋沒的員工獲得力量。理論上，團隊能增加參與和責任感。

在最好的情況下，團隊會大於各部分加起來的總和。一＋一＝三。NBA（國家籃球協會）中，良好的團隊化學反應相當於一年多贏六場，高於根據球員個別貢獻所做的預測。在藥物銷售業務中，出色的團隊合作帶來了一三%的營收差異。

但團隊不**必然**就優於各部分的總和。實際上，通常反而更糟。這就稱為「合作抑止」

或「歷程耗損」。

六二%的軟體專案會延遲完成，四九%會超出預算。我們常高估團隊生產力的好處，卻低估了團隊浪費的時間。根據北卡羅來納大學教授布萊德利·史泰茲（Bradley Staats）所言，就算是一個小團隊，人均生產力也可能下降四〇%。協調團隊工作就耗掉了許多時間，例如：務必確定每個人都將四月十日下午五點的草案，換成四月十日下午六點的草案（不對，等等），是**六點十五分**的草案。

當一群人團結起來為一個目標奉獻，應當會有神奇的力量。但是現代企業團隊根本不是這樣：估計有高達九〇%的知識工作者參與**多個**團隊，每個團隊都要爭奪成員的時間和注意力。沒有一個專案能得到全心奉獻。隨著科技輔助的「虛擬團隊」興起，共事者分散在全國或全世界各地，大家和隊友可能沒有實質關係，甚至可能沒有碰過面。

針對數千家實施團隊合作的公司進行的研究，沒有確實的證據顯示，他們在實施團隊架構後，賺了更多錢或是更有生產力。但執行長仍會加薪：因為採取團隊架構就是在向其他人暗示，你是有前瞻思維的創新者。

團隊有一種「月暈效應」：如果做出好成績，整個團隊都有功勞。但如果做得不好，原因則歸咎於個人。大家會這樣想，**要是他沒有漏了那一球就好了**，或者**要是她沒有堅持**

使用那個有問題的技術就好了。從來沒人會詬病團隊結構本身。團隊永遠被視為萬靈丹，從未被當作問題的根源。

成功的團隊要盡量小到可以完成工作就好。在小團隊中，大家會覺得要為工作計畫負責，且清楚每個人的工作進度。但是隨著團隊規模擴大，這就變得十分困難。一個六人的團隊，就要管理十五種關係連結。只要再增加兩個人，複雜度幾乎翻倍——現在要了解二十八種關係連結。

在優秀的團隊中，成員會預先料想其他人的動向和需求：不需要告訴他們應該做什麼。陷入困難的團隊常常要開會，很多很多的會，且在會議中誇誇其談。

成功的團隊是用簡短清楚的句子溝通，而且溝通是雙向對等的。提出要求後，就會確認收到、理解，並將付諸行動。而陷入困難的團隊中，溝通通常由少數人主導，且會發表長篇大論的自說自話。

在優秀的團隊，成員相信每個隊友都會竭盡所能。而陷入困難的團隊，成員擔心隊友坐享其成、不夠努力，或者竊取其他人努力的功勞，這就導致他們自己也沒有那麼努力。

科學提供的最重要教訓之一就是：團隊合作最不可或缺的要素，往往發生在工作開始之前。

3 團隊的命運取決於……

在後九一一的世界中，美國情報圈子知道需要匯集各方力量，才能打擊恐怖主義。單線化是間諜這行業長久以來的成規之一：即便是同一個團隊中的成員，也不一定能夠共享所有資訊。

美國ＣＩＡ（中央情報局）官員不懂該怎樣採取團隊的方式推動工作，於是找上了哈佛大學的研究人員。

由哈克曼（Richard Hackman）教授帶領的研究團隊受邀觀察「窺鏡計畫」（Project Looking Glass）。該計畫在一個安全的地方進行，改編自軍方的作戰演習，不同的是，這些間諜遊戲模擬的重點是可能發生的恐怖攻擊。

每次為期一週的模擬，ＣＩＡ都組成兩支隊伍：紅隊與藍隊。每次紅隊的任務都是像恐怖分子一樣思考，用那一週來策劃一場攻擊。而藍隊（都是由情報專家以及來自若干聯邦機構的執法人員組成）則是要推測紅隊的陰謀並加以阻撓。因此，藍隊成員可以小規模使用他們在現實世界中，平常用來追蹤恐怖分子的方法，例如駭進紅隊的電腦，以及監聽對話。

所有使用的資料都是真實的：這些資料極為機密，因此所有人都不能在下班後討論，所有工作也都不能帶出大樓。

在第一次窺鏡模擬的初次會議，哈克曼與同事伍利（Anita Woolley）立刻注意到兩隊之間的差異。紅隊成員是科學家以及情報機構以外的專家。由於他們從未見過面，所以他們的自我介紹是談論自己具體的專業領域，包含過去及現在的研究，以及自己的知識跟任務可能有什麼相關。

一個典型的紅隊身分說明大概會像這樣：「我是化學家，我感興趣的是怎樣將商業用的化學藥品變成武器，所以我可以列出一些我們可以用來製作爆炸裝置的物品。」接著房間裡的其他人會追問後續問題，以判斷她的知識有什麼長處和弱點。

而在藍隊成員第一次見面時，典型的藍隊自我介紹更像這樣：「我是ＦＢＩ幹員，效力於反情報部門的助理主任。」藍隊的成員是站在他們的頭銜與部門後面，而不是他們的專業知識領域。而且他們從不會提及自己的經驗對團隊是不是有用。

根據伍利的說法，這種差異的影響在那一週裡不斷出現。「扮演攻擊方」的紅隊享有選擇策略的優勢，而從經驗出發的自我介紹，促使紅隊從一開始就偏向以結果為重。至於藍隊，自我介紹對他們想像目標沒有幫助，反而陷入了機構的刻板印象，並為了採用哪個機構的作法爭論不休。他們始終沒有根據專長分配工作。一直到倒數第二次會議，藍隊成員才發現會議室裡有個物理學家，他們一直在尋找的大部分資訊他都知道。還有一次，一位電腦科學家（正確地）猜到，紅隊電子郵件中的一些色情圖像其實藏有密碼，卻沒有人當一回事。

研究人員觀察到，隨著一週又一週有新的人擔任紅隊與藍隊的角色，團隊的自我介紹風格差異也不斷重複出現。每次，研究人員都對這些介紹方式如何顯著影響兩隊的表現感到驚訝。

最後，研究人員說服CIA讓他們在下一次模擬做一點實驗。為了避免下一組藍隊又用平常那套以頭銜為主的自我介紹，研究人員要求團隊成員彼此詢問，了解彼此的具體工作和專長。團隊成員討論熱烈到還來不及做完自我介紹。這支藍隊表現得遠遠優於其他隊伍。他們用到更多自己的專業知識，而成員對程序問題的爭論也更少。

僅僅是自我介紹這麼小的改變，就能影響團隊整體的處理流程，實在令人印象深刻。不過，這絕對不是不尋常的現象。其實，這符合了哈克曼所說的「六十／三十／十法則」。

哈克曼研究過從飛機駕駛艙到交響樂團等不同的團隊，認為一個團隊的命運有六〇%

在成員見面之前已經決定。團隊的命運取決於團隊領導人的能力、團隊的目標是否既有挑戰性又可達成，以及團隊招募的成員能力水準等綜合因素。

團隊的命運有三〇％是在團隊一開始啟動時確定的：團隊成員初次見面的交流，及交流中如何分配眼前的責任與任務。他們必須就共同的行為準則與共同的期望達成一致。

總的來說，團隊的命運有九〇％在真正開始工作前就已經決定。

哈克曼將團隊比作火箭。大部分的工作必定會預先發生——初始設計、架構，以及建立團隊。因為火箭一旦發射便進入設定的軌道，飛行途中要改變方向難上加難。

當團隊運作不順暢，有時候最好的辦法是重組團隊，而不是做小幅改變，就像達拉斯一家醫院的做法。

一名哈佛商學院博士生華倫婷（Melissa Valentine）跟隨教授艾咪・艾德蒙森（Amy Edmonson）研究這家醫院的行政程序時，她聽說急診部即將進行從上至下的重整。

這大型城市教學醫院的急診部，每年接收超過十三萬名病患。大部分送來醫院的病患都沒投保：類型從輕微的流感到危及生命的重傷都有。為了處理這麼大的負擔，天天都有大約八十名醫師、住院醫師，以及護理師輪流交替換班，一天醫治大約兩百五十位病患。然而，由於長時間的等待，工作總是積壓著，三〇％的病患來了卻從未被看診。平均來說，一位接受診治的病患需在急診待超過八小時。

重整之前，同一時間值班的員工大約三十人，是以各自的職能組成定位不明確的龐大團隊。樓層的一側是負責手術病人的團隊，另一側是負責非手術病人的團隊。每一側都有一個醫生的工作站和一個護士工作站。在一般的輪班期間，每位員工平均必須跟其他十七名員工協調或合作。

經過重整，醫院重新分配儲藏室、急救室，以及電腦，最後將急診部分成五個自給自足的單位。每個單位有六個任務明確的員工：一位主治醫師，兩位住院醫師，一位指定的「單位領導」護士，還有另外兩位護士。同一個單位的醫生與護士共用一個工作站，方便溝通。員工來上班時，會將他們指派到一個單位，值班時間就在那裡工作。由於輪值時間是交錯分開的，因此那六個人不會整個值班時間都一起工作。單位同伴會不斷變化，但是依然有明確角色職責。

病患入院時，會被依序自動分配到一個單位。病患對單位的資訊，可在人人都能看見的電腦螢幕上追蹤。

等到員工開始在這些單位工作，一件令人不解的事自然而然地發生了。五個單位之間爆發了競爭，他們戲稱為「單位戰爭」。當一個單位治療並送走病患，病患負荷就會下降，而這在每部電腦上都清楚可見。單位三還有二十五個病人在急診室，而單位一的病患數已經降到九。單位三的員工隨即就會抱怨：「單位一今天要逼死我們！」然後每個人都加快速度。人人都討厭所在的單位輸掉，大家都想贏。

這種情況一直持續。單位戰爭對他們來說沒有止境，沒有終點線：一天二十四小時，一星期七天。無論何時，單位只有領先或落後。即使沒有員工會固定分配到同一個單位，競爭依然持續。不管輪什麼班，醫院員工都可能被分配到任何單位。單位一的住院醫師會竭盡所能跟單位二競爭。然後隔天，他被分到單位二，又竭盡所能跟單位一競爭。

在重整之前，護士們經常在走廊上徘徊，試圖弄清楚誰應該照顧某位病患。等到單位制實施後，員工都知道團隊夥伴是誰，因此可以更專注在共同的任務：治療病患。值班時，大家都有種歸屬感，並且對彼此產生了責任心。華倫婷描述這種變化時寫道：

> 醫生會說，「我的三位護士在哪裡，今天和我搭檔的是誰？」在實施單位制之前，即使大家一起處理許多病例，也很少會這樣稱呼彼此。住院醫師以前可能說「這個病人的護士是誰？」，而不是「這些醫囑還沒有執行，**我的**護士去哪裡了？」

由於單元制明確的角色分工與競爭機制，病患的就診速度加快，每天能接受治療的病患數量也大幅增加。病患在達拉斯急診部待的平均時間從八小時降到五小時。每天治療的病患也從兩百五十人增加至三百二十一人，增幅將近三〇％。而競爭也改善了病患的照護品質。醫護人員更有動力，工作時的緊迫感也讓團隊溝通更加順暢。他們開始享受工作，臉上充滿興奮地問華倫婷：「你有聽過單位戰爭嗎？」

說清楚誰要做什麼，也就是各司其職，是最能提升團隊工作品質的方法之一。主張團隊成員應該地位平等、而且角色可互換的平等主義想法是錯誤的。最有效的團隊運作方式，是每個人都清楚自己的角色，而不是讓所有角色都相同或對等。

中佛羅里達大學的薩拉斯博士（Dr. Eduardo Salas），是研究團隊效率時最常被引用的學者之一。他終身奉獻在理解團隊建立與團隊訓練流程的浩瀚大海，分析軍方、執法部門、NASA，以及無數企業採用的團隊運作方式。唯一能夠持續帶來成果的策略，就是專注於角色明確化：當壓力來襲時，誰該做什麼，必須一清二楚。

正如我們所說，最有效的角色定義應該在團隊成立之前，由領導層規畫完成。但是當團隊失去方向，重新釐清角色責任可以幫助他們找回重心。

4 好團隊不是只有「合作者」

有關團隊的一個謬論就是，想要成功，每個人都要成為朋友。然而，研究顯示正好相反：團隊的表現決定了關係的品質。團隊如果表現差，成員會將挫折發洩在彼此身上。團隊如果表現好，內部的摩擦就不會造成困擾。成員甚至會說他們的成功要歸功於團隊的合作風格……不過也有獨立觀察家報告稱，團隊大部分的時間都在吵架。

史上一些最優秀的團隊，同樣以合作者之間的敵意而聞名。林肯的「對手之隊」、曼哈頓計畫的天才，以及水星計畫的太空人，他們的互相攻訐也是出了名的。

時時保持和諧甚至反倒是個警訊。完全沒有衝突的團隊，代表沒有人提出任何可能引起爭議的東西。成員並未專注於團隊的目標，而在保護團體的人際關係。這是團隊可能不如個人總和的原因之一：擔心得罪人。

大部分有關團隊的研究都是在西方個人主義社會進行：在西方，可能認為團隊本來就是落伍的東西。但研究人員比較了美國和台灣（集體主義社會）談判者的表現。美國的團隊談判表現優於獨自談判，但是在台灣，單槍匹馬的談判者表現得比團隊好。原因在於比起讓團隊獲得最好的成果，台灣人更重視團隊內部的和諧，他們不願隊友因犯錯而丟臉。

團隊要在壓力下表現良好，個人需要有主見，需要有人敢於發聲。當團隊表現欠佳、意志消沉，就得有人出來扭轉局面。

利安德博士（Dr. Pontus Leander）研究了情緒和能量如何通過鏡像處理在團隊內部蔓延。只不過並非每個人都容易受影響，有些人他稱為「反抗型」。反抗型的人潛意識裡有一種強烈的衝動，不想被其他人控制。當他們察覺到團隊對目標愈來愈冷淡，不再努力，反抗型的人會抗拒這種影響，並以提高自己的能量來反抗。他們在團隊中扮演關鍵角色，推動讓團隊一舉成名的逆襲和大反擊。懈怠的隊友受到這種桀驁不馴的能量感染，團隊就會重回正軌。

有一種論點認為，團隊中不見得每個人都應該是典型的「團隊合作者」。

哈克曼從針對七十八個歐美管弦樂團的研究中，得到一個反直覺的結論：樂團的演奏愈好，幕後愈可能有競爭、爭吵、不合。他們唯一會和諧相處的時候就是上台表演。

音樂家在生涯開始都夢想著成為明星獨奏家。在幾輪試奏中，他們打敗了數以百計的音樂家才贏得了這個職位。他們已經證明自己是國內最好的人才。但是按理說，他們對樂團最大的貢獻就是他們沒有一枝獨秀。

演出時，他們應該和兩側的音樂家毫無分別。他們的樂音應該融為一體，動作也應該完全一致，甚至衣服也完全相同。而且往後的職業生涯，也應該都是這樣。

音樂家滿懷希望又充滿雄心壯志地展開音樂訓練，卻往往痛苦不堪。早年被視為明星一般的主角，現在要融入團體並不容易。

樂團的環境或許很特殊，但實際上所有團隊都面臨類似的問題。你希望團隊裡都是最優秀的人才。你想要明星，但明星希望自己耀眼，不希望埋沒於黑暗之中。從明星的角度而言，光芒勝過他人才是他的**職責**。

我們或許認為團隊就是人才薈萃的地方，但對明星來說，團隊可能更像是黑洞，是讓他們的光芒徹底消失的地方。因此，應該要避免團隊像黑洞一樣。不惜任何代價。

史崔貝克（Agnes Stribeck）教授調查九所大專院校的一千八百二十四名學生，詢問他們的主修科目和GPA。這些學生來自不同領域，但絕大多數都在攻讀碩士學位。史崔貝克請學生閱讀一系列的模擬求才職務說明，然後根據他們畢業後的求職興趣，對這些職位進行排名。

史崔貝克發現，當廣告提到「團隊合作」，不管是什麼職位，最優秀的學生都毫無興趣，想到會被迫合作，就避之唯恐不及。他們認為團隊的環境對個人沒有挑戰性，沒有什麼機會可以成長、學習，以及發展新技能。

這種效應十分強烈，讓史崔貝克對雇主發出警訊：即使只是在求才廣告提到「團隊合作」，都可能降低整體求職者的素質。最優秀的人才不會來應徵。他們會尋找可以發光發亮的機會，並在那裡掌握自己的命運。

要吸引明星加入團隊，得說服他，團隊的集體成就將大於他自己能達到的成就，但他還是需要得到保證，確保貢獻還是屬於自己。

當你成功讓明星加入團隊時，仍有個問題，明星的待遇應該和其他人不同嗎？給明星特殊待遇，不會損害團隊其他人的積極性嗎？

研究人員觀察過NBA明星球員的薪資，並對比名氣較低的隊友。平均來說，如果某些團隊成員獲得的待遇，被認為是**不合理**的意外高薪，就會損害成績：團隊成員不會拼命去爭取他們眼中的不公平待遇。但只要明星的待遇是合理的，那就不會損害成績。在某些方面，這只是進一步釐清角色任務：誰負責什麼。大部分時間坐在板凳上的球員會希望有更多上場時間，但明白先發選手為什麼薪水比他們高。菜鳥不會因為薪水與認可比較少就懈怠。他們明白這時候應該向經驗豐富的人學習，並在有機會時證明自己。

明星成員與其他人**不同**。明星面臨更高程度的檢視：對他們的表現期待要高出許多。

確實如此，即使在團隊內部也是。沒有人奮鬥是為了敬陪末座，但大家會不斷挑戰明星，爭取最高地位。明星不會因這些威脅膽怯。他們是兇猛好鬥的競爭者，堅定地面對這些挑戰，並保衛自己在團隊的聲望。然而，這樣的過程可能讓他們變得更加孤立。在一次與哈克曼教授的訪談，知名籃球教練薛塞斯基（Mike Krzyzewski）談到對明星球員的擔憂。薛塞斯基說：「我在指導杜克大學球隊時，必須是最佳球員最好的朋友。因為最佳球員是個孤獨的位置。雖然備受讚揚，但無論你的團隊多麼優秀，一定還是會嫉妒。一定有。」

儘管明星面對的壓力漸增，但教練、經理、老師往往不會去關心表現最好的人。他們專注在表現差的人，理所當然地認為高成就者會繼續保持。薛塞斯基認為這是錯的。

薛塞斯基是二〇〇八年美國奧運男子籃球隊的總教練，隊中陣容星光熠熠，例如勒布朗．詹姆斯（LeBron James）、傑森．基德（Jason Kidd），以及柯比．布萊恩（Kobe Bryant）。布萊恩很高興教練看重他對奧運的積極度。布萊恩很意外薛塞斯基沒有把他對金牌的渴望視為理所當然：「從我上高中以來，就沒有人嘗試過激勵我，他們只是付錢給我。」

薛塞斯基向哈克曼解釋：「領導力不只是讓明星交出成績，而同時也是明星的朋友，能激勵明星。如果你的明星能夠持續進步，其他人就得努力跟上，那你的團隊就會進步更多。」

一項又一項的研究證實這一點：明星的價值不光在於個人表現，也在於他們可以激勵隊友追求突破。在所有發表的物理學論文中，有五〇％出自最頂尖的六％物理學家。一流的免疫學家提高同行研究生產力達三五％。而且還不只是研究的數量，在一流科學家帶領下完成的研究品質也更好。

在理想的團隊概念中，每個人都是平等且可互換的，這種平等驅動了團隊的奉獻努力。但是科學理論表明，這種理想反倒是種干擾。目標不是要努力符合理想，而是發揮表現。在現實生活中，成員很少真的平等，也未必都相處融洽。有明確的階層結構，劃分職責，往往才是提升團隊表現的最佳解決方案。

第十一章

米開朗基羅也有經紀人

1 程式設計師的驕傲與樂趣

一九九一年，大學生托瓦茲（Linus Torvalds）參加一個電子郵件群組，並且貼出幾個相關疑問。幾個月後，他告訴群組自己寫了一些原始碼，邀請大家來看看，如果願意的話，給他改進的意見。

意見開始湧入。而且始終沒有停止。

這段原始碼最後成了大家知道的Linux。從二十多年前創立以來，Linux現在有一千五百萬行代碼，成了全世界最普遍的作業系統，驅動安卓系統手機、八成的金融交易，以及亞馬遜、臉書、Google、推特等等。

開源創新是希望得到更多團隊以外的意見，能超越公司的高牆，觸及整個社群。藉由獲得成千上萬無私貢獻者點點滴滴的意見，成果遠遠超出一個人所能想像與創造的。

按照開源的故事，合力協作是創意創新的祕訣。團隊、公司、人與人之間的競爭，已經是上世紀的故事了。英國《衛報》（*Guardian*）的編輯宣稱：「合作就是新革命。」《今日美國報》（*USA Today*）認為：「解決任何問題的關鍵在於合作，不是競爭。」大概諸如財產權和所有權的概念在創作過程中都消失了：沒有人擁有共同創造的計畫，也沒有人能夠獨占功勞，但人人都可以從結果獲益。

但是這樣的描述準確嗎？

Linux有一件有意思的事，因為它是開源的，所以LISTSERV（自動化分散式郵件系統）電子郵件全都在線上。我們可以閱讀大量的電子郵件：例如二〇〇七年，一位開發者很生氣自己的程式碼沒有被選用。受青睞的是另外一位程式設計師的設計。最後，托瓦茲親自為這個過程辯護：

這是否代表會有緊張和對立？絕對是。

但這就是重點。人生是一場競賽，如果你不是為了贏，那你來這裡做什麼？我們不想玩政治那一套。但鼓勵大家的好勝心？那當然。

土魯斯大學的團隊研究Linux的發展過程並得出結論，稱它是個「贏者全拿的遊戲」。分散世界各地的駭客著手程式碼的同一部分，最終比賽只有一個優勝者。他們不是合作，而是競爭，比的是速度和實用性。就跟其他比賽一樣，有時候失敗者會不滿。但是到最後只有一個人可以聲稱解決了問題。

Linux的發展方法或許是一場大型的合作，但是對於每個程式設計師來說都不是在合作。他們是獨自寫程式，希望打敗其他程式設計師。

在Linux社群，記功是一件大事。一九九五年到二〇〇〇年間，大約有一萬三千人提交電子郵件到Linux LISTSERV，但只有三百五十人最後被列為Linux貢獻者。

托瓦茲再次表示：

開源最激勵人心的事情之一**就是**「個人驕傲」。

如果仔細回顧整個Linux的歷史，就知道有幾千人被歸為Linux開發者。程式設計師會將這些經歷寫進履歷，公司企業也會仔細搜查程式碼，找出頂尖的程式設計師雇用。

但是廣為流傳的故事說，Linux是全世界的程式設計師齊心協力建立起來的，其真實性差不多就跟《湯姆歷險記》裡湯姆粉刷柵欄一樣。在那些做出貢獻的人當中，許多程式設計師只是建議做一項變更，僅此而已。在同一時期，程式設計師米勒（David Miller）貢獻了三千兩百五十八個變更，維洛（Al Viro）做了兩千八百四十個變更。在一千五百萬行程式碼當中，十位開發者就負責了超過六〇%的變更。

此外，許多程式設計師靠著在Linux上工作拿薪水。他們不是由Linux本身支薪，而是他們的雇主使用Linux產品系列，並從這些貢獻中獲得直接利益。Linux基金會推斷，至少有七五%的Linux開發是由領薪水的人完成。在二〇一一年版本的Linux，有兩百二十六家公司被列為積極開發者。微軟就是前二十大貢獻者之一。

所謂的開源運動是由無私志工推動的說法，結果並非如此。

打從一開始，Linux就是少數鬥士在成千上萬觀眾面前進行的一場公開賽。

「**如果你不是為了贏，那你來這裡做什麼？**」如果無法應付競賽的殘酷，你就不屬於這裡。程式設計師兼作家雷蒙（Eric Raymond）如此說道：開源社群不適合所有人，而是最有才華的那五%。也就是明星人才。那是一場開放的競賽，人人都可以嘗試一把，但只有最優秀的能留下來。

究竟是合作，還是競爭推動創新？

哈佛商學院教授拉哈尼（Karim Lakhani）一直在研究開源計畫的創新過程，例如Linux和另一個軟體開發網站TopCoder。

拉哈尼說了休斯（Jack Hughes）想出辦法解決一個棘手問題的故事：如何發現、招攬、留住最優秀的程式設計師。二〇〇〇年，休斯說服昇陽電腦和Google提供大筆獎金，舉辦他稱為TopCoder的公開比賽。全世界的程式設計師都可以登錄，嘗試在期限內解決難題。休斯認為優秀的程式設計師無法抗拒挑戰。他們會冒頭出來競爭。

從二〇〇一到〇三年，TopCoder透過比賽，在全球的程式設計師圈子裡建立起聲望。到了二〇〇四年，全世界有五萬名程式設計師註冊，但只有五分之一勇於參賽。參賽者會得到客觀的能力／成績排名，差不多就像西洋棋排名。而剩下的四萬人其實就是觀眾。

比賽獲獎的程式設計師，休斯能雇用多少就雇多少，並讓他們從事各種企業專案。他的員工是按照鐘點數向客戶收費。但是，他同樣難以留住最佳人才。這樣的工作方式有點乏味。比賽吸引來的程式設計師一旦進入傳統的工作環境，就覺得枯燥無趣了。

休斯開始想：如果完全不雇用程式設計師呢？如果把企業專案設計成比賽呢？如果把企業支付的款項改成獎金呢？

休斯拿他的公司賭上這個構想時，TopCoder的年營收是兩千萬美元，大部分都是按鐘點向客戶收費。休斯設計了一個制度，最多有二十位程式設計師可以報名參加一個獨立的任務，而這個任務可能要花幾個小時。等到參賽者讀過詳細的計畫書，並看過其他競爭者的排名，幾乎所有人都判定不值得花那個力氣。趁還沒有投入太多時間，就先退出了。但是會有兩、三名參賽者覺得勝算很大。他們會放手一搏，各自提出自己的解決方案——最後，只有一**個人**會得到報酬。

幾個程式設計師完成所有工作卻一毛錢也拿不到，這個前提和一般勞動契約設想的有矛盾。但休斯賭的是優秀程式設計師與糟的程式設計師不同。糟的程式設計師會氣餒而退出，但優秀的程式設計師下次會更努力，並鞭策自己進步。

這個方法成效非常好，因此他的事業很快開始成長。休斯隨即就遇上一個問題：將一個企業專案分拆成獨立的每週競賽就花了很大的工夫，專案經理都不堪負荷。於是他更進一步推動這個概念，將專案拆成數個任務又成了比賽的另一個階段。沒多久，從概念化到具體規範、架構、組合，一直到部署及除錯，軟體開發的每個階段都成了比賽。

TopCoder看起來明顯比Linux競爭更激烈，而且受到一方吸引的程式設計師，未必會受另一方的吸引。但哈佛的拉哈尼教授發現，兩者都是仰賴競爭與合作的循環。每一週的TopCoder比賽，每位參賽者的程式碼所有人都看得到。隨著專案的下一部份安排成新的比賽，競爭者可以借用在稍早回合看到的構想。合作與競爭並不衝突，而是創意發想的兩個階段。

到了二〇〇八年，《Inc.》雜誌讚譽TopCoder為美國成長最快速的私人企業之一，營收達兩億美元。如今TopCoder為數十個客戶提供軟體解決方案，包括臉書、Google、英特爾、美國國防高等研究計畫署（Defense Advanced Research Projects Agency）、ESPN、GEICO，以及輝瑞。一個專案可能拆解成數十場獨立的比賽，每場都能在一晚編寫完成。

到了二〇一二年，TopCoder的社群已有四十萬名程式設計師，但是其中許多是實習替補，只是觀察員，藉由觀看最好的程式碼是怎樣創造的來學習。跟Linux一樣，TopCoder的比賽也是由明星稱霸。最頂尖的五%得獎者獲得總獎金的八〇%左右。

基本上，拉哈尼發現競爭者的存在不會降低努力或內在動機，反而會增強。與其為了薪水而工作，拿金錢與人較量才更有趣。

就像在TopCoder有六年資歷的帕威斯卡（Michael Paweska）對拉哈尼說的：「在TopCoder要成功，必須問自己『你是競爭者嗎？』，也必須能夠在競爭中成長茁壯，不能懼怕競爭。」

毫無疑問，合作有價值，但是過度強調，像是要求每項創作都「開源」，或期望每個學生都成為合作者，都會有危險。

MIT（麻省理工學院）招生主任張貼了一張清單，列出他對未來MIT學生的首要特質期望。他的優先清單第二條是什麼？能夠協力合作的人。他寫道，合作是MIT經歷固有的部分：學生應該有心理準備，會有必修的團體作業和其他團體活動。

這與五十年來的研究背道而馳。大多數有創造性的優秀科學家都極具企圖心又注重成就，但也不合群、傲慢，而且內向。這一點也不令人意外，畢竟「極客」就是以內向出名的。MIT是否太快就忘了它是怎麼來的？

內向者獨自工作時表現最好。當他們被迫在團隊中工作，表現會一落千丈。或許有人認為內向的人不喜歡競爭的社交本質，但事實上內向者在競賽中，表現會明顯提升。（外向者則在合作環境中表現較好，但在競爭中表現較差。）

MIT致力於宣揚合作時，或許不經意間就嚇跑了可能成為科學精英的學生。

2 超競爭意識的大藝術家

社會普遍接受市場競爭與產品創新相輔相成。但不知為何，往往認為這種動力不會推動藝術創作。對於畫家、作家和音樂家有一種崇高的迷思——他們被理想化為純粹的創作者，不受金錢、競爭，以及直接比較的低俗力量所玷汙。但這種崇高的迷思與歷史截然相反。

藝術史學家戈芬（Rona Goffen）在《文藝復興的競爭對手》（*Renaissance Rivals*）書中解釋，義大利文藝復興的引擎之一是「帕拉戈內」（paragone）概念，即將創作並列，正面較量。當時認為只有透過帕拉戈內，才能看出作品的真正意義。帕拉戈內最初是用來衡量整個藝術領域的優劣。你可能走進一場文藝沙龍，發現達文西（Leonardo da Vinci）正參與公開辯論，討論詩歌、繪畫、雕塑，哪一個更有價值。

帕拉戈內的性質漸漸轉變成特定藝術作品的競賽，是由贊助者發起的委託賽。（吉貝蒂〔Lorenzo Ghiberti〕著名的佛羅倫斯青銅門，就是某場比賽的獲勝設計。）在美第奇宮中，會客廳就建造成讓畫作可以面對面展示，用意是讓沙龍來賓品評哪些畫作更好。透過這些競賽，藝術家才為人所知，成為應當受肯定和讚揚的人物。在帕拉戈內出現之前，關注的焦點是藝術的主題而非創作者。但如果一幅畫明顯優於另一幅，那就有必要知道作品的作者是誰，以便再次聘用他。

帕拉戈內是文藝復興時期所有藝術家訓練的一部分：一屋子的年輕藝術學徒全在努力完成相同的任務，爭取師傅的認可。

達文西相信藝術家可在這種競爭的壓力下成長茁壯。他鼓勵年輕藝術家跟其他藝術家同室作畫。達文西曾寫道：

> 如果你的作品有所不足，你會羞於被納入畫師之列，而這種羞恥感必定會激勵你進行有益的學習。其次，健康的嫉妒心會刺激你見賢思齊，因為他人的讚美將鞭策你前進。

達文西定期邀請藝術家到他的工作室，觀看他未完成的作品。這樣一來，就能在草稿階段，開始打出作品的名聲。風聲會傳開，於是在達文西的最新作品完成並展示的幾年之前，同行競爭的藝術家就早已耳聞。

藝術家甚至會接受委託，直接較量繪製作品。有一次，達文西和米開朗基羅

（Michelangelo）雙雙受雇，在佛羅倫斯的舊宮大會堂對立的牆上繪製戰爭壁畫。（有記載指出，這兩位藝術家甚至被告知，只會保留其中一幅壁畫。）

米開朗基羅很痛苦地跟著達文西一起工作。接受挑戰之後不到三個月，他就放棄壁畫跑到羅馬去了。倒不是米開朗基羅不喜歡競爭，戈芬推斷，其實可能是他的超競爭意識，逼得他離開佛羅倫斯的文藝圈。

米開朗基羅其實不認為自己是畫家，而是雕塑家。但是開採大塊大理石所費不貲，米開朗基羅想用自己心儀的材料創作，唯一的方法就是說服別人給他委託案——無論是什麼素材。因此，他需要一個經紀人。所有文藝復興時期的重要藝術家都有經紀人，經紀人代為促成藝術家與資助者之間的合約。米開朗基羅雕塑傑作《聖殤》（*Pietà*）的合約中，承諾《聖殤》「會成為當今存在於羅馬最美麗的大理石作品，而且沒有任何大師能做得更好」。要重申的是：這是一項契約條款，米開朗基羅的雕塑要超越所有羅馬古代遺跡與當代競爭者的作品。如果沒有做到這一點，贊助者不需要付錢給他。但米開朗基羅拿到報酬了，因為他創作出有史以來最偉大的雕塑之一。

根據戈芬的描述，文藝復興時期，藝術合約中常常要求藝術家勝過另一位藝術家的作品。拉斐爾（Raphael）的生涯是以超越競爭者的畫作而聞名的。在一份合約中，他同意創作一件比佩魯吉諾（Perugino，拉斐爾自己的導師）更好的祭壇畫。後來，佩魯吉諾又簽下契約，要創造出超越拉斐爾的祭壇畫來回敬。

米開朗基羅起初拒絕了在西斯汀教堂作畫的要求。但他丟了夢寐以求的雕塑委託案，於是基於政治和金錢壓力，他覺得有必要接受教宗提出的機會。

糟糕的是，推薦米開朗基羅這工作的藝術家們其實希望他失敗。他們希望他的穹頂畫設計成為一場災難，這樣正在西斯汀附近繪製《雅典學院》（*School of Athens*）的拉斐爾，就能接手救援。結果，拉斐爾看到米開朗基羅的壁畫，判定自己的作品不夠好。於是他改動自己的畫作——甚至在自己的梵諦岡壁畫中，模仿米開朗基羅的上帝形象。

米開朗基羅和拉斐爾繼續在畫布及私底下競爭，至死方休。

而在義大利文藝復興的競賽徹底改變視覺藝術之際，根據德國曼海姆大學經濟學教授沃貝爾（Roland Vaubel）的研究，西方古典音樂也是源於文藝復興與巴洛克時期的競爭。個別音樂家相互競爭，王室之間更是相互對抗，推動著音樂創新。但是真正徹底改變西方音樂傳統的競賽，是天主教與新教教會之間的鬥爭。

中古世紀時偶爾有四處流浪的吟唱詩人，或者有人在鄉村舞會上吹笛，但大多數重要的音樂作品都由天主教會委託，當時的人聽到的音樂大多由教堂神父決定。將近一千年的時間，葛利果聖歌就是宗教音樂的代表。而且教會神職人員慣以不夠神聖虔誠為由，打壓音樂創新。

接著馬丁・路德（Martin Luther）與宗教改革出現了。路德希望他的會眾能更融入禮拜儀式，而方法就是讓他們透過音樂參與。他從民俗音樂吸取靈感，寫出所有會眾可以用母語德語唱的聖歌。他創作出最早有主歌與副歌的歌曲，還準備了讚美詩集讓大家帶回去自己唱。

沃貝爾認為，天主教會接下了路德的挑戰。天特會議（the Council of Trent）決定，天主教禮拜儀式使用的歌曲也必須讓會眾聽得懂。許多新教教派允許唱歌，卻禁止使用樂器。天主教抓住新教教派內部的這個分歧，欣然在天主教禮拜儀式中納入愈來愈大的樂團。義大利歌劇的出現，又進一步推動了變革。會眾期待聽到類似歌劇的美麗抒情音樂：他們想要足以和文藝復興繁複精美的教堂與宮殿匹配的華麗音樂。天主教會不只在義大利滿足了這個需求，新的天主教會耶穌會，深諳華麗風格音樂的吸引力，在全世界推廣了後來知名的巴洛克音樂。

隨著兩個教會與他們的音樂家時時設法超越對方，音樂變得更加精細複雜，甚至音樂本身都反映了當時相互競爭的社會風氣。合唱編排開始加入相互競比的和聲，以及配合音樂家不同節奏的對位，和弦這個音樂的基本單位也確立了地位。漸漸地，大家開始注意音樂中的樂器，不再只被當成歌唱或跳舞的背景。

在被勢不兩立的教會與實際戰爭撕裂的世界，音樂成了政治、宗教，以及金錢權威的象徵。音樂告訴你，你究竟是身在新教還是天主教的領地。這一點在德國最真實不過了。三十年戰爭之後，有將近三百個公侯國，每一位國主都需要自己的宮廷作曲家和音樂家。

音樂會經常聽到的像是巴哈（Johann Bach）的《B小調彌撒》（*Mass in B Minor*）、貝多芬（Ludwig Beethoven）的《莊嚴彌撒》（*Missa Solemnis*），以及莫札特（Wolfgang Mozart）的《安魂彌撒曲》（*Requiem Mass*），很難讓人想起這樣的樂曲是寫來在教堂的宗教儀式中演奏的。而大教堂已經擴大到有全職的樂團，可以為彌撒和其他禮拜儀式演奏。就連小村莊重要的盛宴節日，也需要一支小樂隊。

沃貝爾解釋，教會之間與國主之間的競爭，足以讓音樂家要求愈來愈高的薪資和佣金。作曲家會談判每年要寫多少新曲：通常每年會寫出數十甚至上百首。而是否簽訂獨家合約，也是爭議的焦點。巴哈身兼多個宮廷職位，而雇主不讓他偶爾接外快、給敵對的公爵或親王譜寫奏鳴曲，顯然令他火冒三丈。對巴哈這樣有強烈企圖心的音樂家，到了一定階段，光是金錢已不足讓他留在宮廷了。

一七一七年，科登的李奧波德親王（Prince Leopold of Cöthen）提出讓年輕的巴哈擔任宮廷音樂總監。當時巴哈是威瑪大公恩斯特（Wilhelm Ernst）的宮廷作曲家，而大公是李奧波德親王的親戚。有家族關係在，這樣的調動似乎不成問題，但威瑪與科登王室彼此敵視。威廉一再拒絕巴哈離開威瑪宮廷的要求。

巴哈在叛逃的結果尚未明朗之際，前往德勒斯登旅行。法國音樂家馬爾尚（Louis Marchand）向巴哈發起一場音樂決鬥，而巴哈大約是這樣回答：「隨時、隨地、隨便什麼樂器。」於是他們要在德勒斯登進行大鍵琴比賽一較高下。這場比賽不僅是個人尊嚴的挑戰，也牽涉到國家名譽：一場德國與法國哪個音樂更優越的考驗。除此之外，韓德爾（Georg Händel）當時也在德勒斯登，而且有可能這三人都在暗中爭奪德勒斯登宮廷的職位。不過，比賽的前一晚，馬爾尚逃走了，大概是因為他知道自己會輸給巴哈。

當巴哈回到威瑪時，這一切都成了幻影：威廉突然以不忠為由將巴哈下獄。巴哈被監禁了將近一個月才終於獲釋，並獲准加入李奧波德的宮廷。當他抵達時，薪水反映了他的地位：巴哈的薪資與李奧波德政府的第二高官一樣高。

一切紛紛擾擾似乎沒有遏制巴哈的創造力。一些歷史學家認為他在威瑪監獄期間，開始創作他的傑出名作《平均律鍵盤曲集》（*The Well-Tempered Clavier*）。

競爭並未限制音樂家的創造力，反而讓大量的教會與王室宮廷爭相搶奪人才，使得德國在接下來的兩百年，成為全世界音樂創作的強國。巴哈與韓德爾的創新催生莫札特與貝多芬的音樂，而德國的影響在當代的音樂中依然聽得到。

3 社會環境影響個人競爭力

可惜，代表科登與德勒斯登巴洛克時期的創新與競爭精神，在現代已大致煙消雲散。這是因為科登與德勒斯登曾屬於蘇聯統治的東德。西方盟國將馬歇爾計畫（Marshall Plan）的資金與發展投入建立一個充滿活力的西德，讓西德成為創新與成長的世界領導者。但是同一時間，東德的戰後命運卻是由蘇聯來決定。而東德的特點就是停滯不前。

一九八九年柏林圍牆倒下後，東西德統一。整個國家很快就不得不思考：如果一個群體以前從來不競爭，你能教他們怎樣競爭嗎？

在之前的四十年，東德生活的各方面都由蘇聯的「計畫經濟」所主導。蘇聯政府確定整個共產集團的需求，然後將滿足這些需求的責任分配到蘇聯治下各國。每個人都應該扮演特定角色，來維持蘇聯制度運行（失業率為零）。這符合社會主義的分工原則，但在政治上也是務實的做法：如果大家有工作，就會忙到沒有空造反。

蘇聯體制維持運作，不代表它是一個有效率的機器。事實上，講求效率反而會討人厭，因為一件事如果需要的人較少，就得想出其他事來讓他們忙。同樣地，計畫也沒有允許自發改進的空間，甚至創新（研究與開發）都是事先計畫的。大家的記憶中，日常秩序就是一切照舊。

了解這一切後，西德人一直認為東德需要再來一次馬歇爾計畫。他們知道，東德產品以前視為理所當然的蘇聯市場會在一夜之間枯竭。他們的挑戰就是找到新的地方，銷售東德的產品與服務。然而，隨著責任從共產國家的政治局轉移到聯邦議會，西德人這才赫然發現他們的東德同胞做得多差。東德產品沒有一樣能進西德市場的。工廠老舊破敗，推倒重建都比修理或翻新划算。東德的高科技落後西德十五年，而且基本上還是盜用IBM電腦運算的技術。

即使偶爾有製造品質過關的，生產成本也難以為繼，只需要一千人的公司卻有一萬名員工。比方說，一家據說是製造光學儀器與鏡片的公司Jenoptik，兩萬七千名員工中有三千人在食堂工作，而Jenoptik的重建是從裁員一萬七千五百名員工開始。在一個從來沒有失業這回事的地方，裁員衝擊了耶拿這個城市的每一個家庭。就業原本是東德的公民責任，因此驟然得知自己可有可無時，他們悲痛欲絕且驚慌失措。他們不理解，為什麼現在效率比他們的生計更重要。

西德的經理入駐經營少數值得挽救的公司（Jenoptik引進一五名柏林高階主管的團隊，他們共住一棟出租公寓，因為整個耶拿沒有一家旅館或像樣的房子）。此外，東德人無法理解為什麼需要新的工廠，他們以前從來不用傷腦筋解決顧客的喜好或抱怨。由於東德的唯一任務是完成訂單，所以沒有開發或改良產品的經驗，也沒有客製化這回事。東德人生活在商店總共只銷售一百五十種產品的環境，想到產品現在要跟其他一千五百種選項競爭，就不知所措。他們沒有行銷的經驗，甚至失去了基本的工業技能（住了四十年的蘇聯水泥板房屋後，東德沒人懂得砌磚）。

西德人抱怨東德人是不可靠的工人。如果工廠裡有東西壞了，據說東德人只會等著主管到來再報告，從來沒想過去找主管；東德的祕書如果遇到電話號碼錯誤，只會停下工作，卻不會去找出正確的號碼；東德人下午一點四十五分就下班，前提是他們午餐後還會回來。雖然有些抱怨沒有根據，但東德的生產力確實有嚴重問題。以火車準時著稱的德國人，必須舉辦研討會來教東德人嚴守時間。有一項研究發現，至少五〇%的東德工廠派員工到西德受訓，或者請來西德的員工當場訓練員工：銀行有超過五千名西德經理在培訓新的東德員工，教他們如何在分行工作。

但好事也鼓勵了大家。Jenoptik，這家統一後唯一倖存的東德高科技公司，漸漸邁向一家國際企業集團，專門製造雷射及其他攝影設備的高品質鏡頭。Jenoptik的經理人不只關心重振工廠，還想重建整個當地社區。他們鼓勵剛失業的技術人員利用空置的場所，創立科技公司。當德國政府想增加該國的生技產業，耶拿從零開始創立了一家。耶拿最重要的雇主也成了當地的大學，推動新領域和科技的行動無所不在。

不過，就算是在最初的繁盛期，Jenoptik也有過艱苦掙扎，且需要更多資金。最終它能夠自力更生，但它的經驗是整個東德普遍出現的模式。最初的爆發成長很快就陷入困境，數十億的資金注入東德有如泥牛入海。東德的生產力提升了幾年，但之後就停滯不前，只有西德的一半左右。東德的薪資雖然已較低，但工人的產值還更低。

隨著重建工作拖沓不前，西德漸漸得出結論，認為進步只能是世代相傳的過程。年輕的東德人能夠接受改變，但是三十五歲以上的東德人則注重安全勝過創新。要等到下個世代接手，新的國家才會真正起飛。

在個人層面，社會心理學家發現這個過渡轉變是絕佳的實驗室，可用來發覺和預測誰在變革中能成功，誰又會苦苦掙扎。有些研究是針對逃到西德的東德人（在柏林圍牆倒下前），也有些研究長期追蹤德勒斯登與耶拿的工人，以分辨哪些人格特質決定個體能否隨著時代變遷改變。研究人員發現了一個經濟上不一致的地方：大部分受過高等教育的東德人，儘管有能力勝任，卻不會追求工程或科技類的新職涯，反而會找建築業的低薪勞動工作。這加劇東西德的生產力差距，因為太多東德大學畢業生從事的工作低於他們的學歷。他們接受現代知識工作者的教育，卻沒有相應的心態。

久而久之，研究人員發現一個模式。那些成功的人，也就是變得有競爭意識和創新的人，往往擁有更強的**能動性**。

能動性是指獨立行動的能力，能自由選擇且快速決策。能動性是積極主動的人內在的核心，這種特質會漸漸發展成個人的決斷力。能動性低的人不信任自己，更依賴他人的領導，也很容易放棄。

那些苦苦掙扎的人，像是等著被裁員的工廠工人，或是選擇穩定工作的受過教育的建築工人，通常能動性較低。

在新東德成功的人則不會等待批准才行動，他們相信自己可以將想法付諸實行。這樣的人戰勝了裁員，並開始耶拿的新創事業。

大約在同一時期，學者也在研究前東德的兒童。這些兒童不僅代表著新一代，同時也在失業與物價動盪的時代中成長。在這些研究中，也凸顯出能動性是統一後能否成功適應的關鍵變數。

東德的學校雖然非常嚴格，但幾乎沒有提供任何發展個人特色的機會。所有孩子的課本和作業完全相同。無論如何都按照同樣的課表，學業表現好的人沒有獎賞或跳級，而吃力的學生也得不到照顧。他們只被叫去站在全班面前，向同學道歉，因為他們的差勁表現拖累了大家。這種教育方式讓學生習慣於等待別人的指示，聽從何時該做什麼，以及應該付出多少努力。

在前東德，唯一有能動性的就只有成績優秀的孩子。他們是少數覺得稍微能控制自己人生的人。相較之下，在西德，能動性並不完全取決於學業成績。在西德的學校，兒童可以發揮長處，追求自己的興趣，而且教育多少也會根據他們的能力來調整。孩子可從各種方式培養能動性，不光透過學業成績。

4 不斷比賽，讓人更創新

就像德國不得不訓練全國一千六百萬人競爭和創新，我們也得培養自己的孩子成為創新者。這不僅是要求他們要有自己的創意，還要有勇氣承擔被拒絕的風險，將自己的想法公諸於世。

陶倫斯創造思考測驗（Torrance Tests of Creative Thinking）是評估創造力的黃金標準，由明尼蘇達大學教育學教授陶倫斯（Ellis Torrance）一九五〇年代彙編而成。他針對將近四百人進行了五十年的長期研究，從小學開始一直追蹤到成年，結果顯示他設計的測驗預測成年的創意成就，準確度是ＩＱ測試的三倍。

早在一九六〇年代，陶倫斯就警告不要忽視競爭對兒童的價值，特別是競爭又與培養創意心理有關。他指出，有創意的人能泰然面對模稜兩可的情況，也能夠接受相互矛盾的想法間有衝突與緊張。他們不怕反對、批評或競爭，這些說不定還能激發他們的創意。競爭能孕育有創造力的心態。

近期一項實驗，要求訓練有素的音樂家用電子琴即興表演一小段樂曲。一半的人被告知這是場比賽，有獎品和公開排名。其他人則被告知，這只是在探索鋼琴家怎樣即興演出。結果發現，競賽組的壓力程度比其他人高，但也有更強的內在動機。評審解析即興表演的複雜程度後發現，比起在沒有競爭壓力下演奏的那組人，競賽組更有創意。

加拿大卡加利大學的教授阿布拉（Jock Abra）總結，在自尊運動期間，競爭對兒童創造力的影響一直受到不公平的詆毀。他寫道：「從過去的創作者案例與創作工作的現實來看，有才華的年輕人必須學會應付令人生畏的經驗，包括競爭。因為競爭是創意的重大能量來源和刺激，因此試圖削弱競爭未必是件好事。」

幾年前，柯蓋德大學的康提（Regina Conti）決定測試競爭對兒童藝術創意的影響。她以「藝術派對」的名義，在波士頓的營隊和一所當地天主教學校進行實驗。參加的兒童年紀在六到十一歲。他們拿到了許多色紙和其他美術用品，然後被要求用這些物品製作一幅創意拼貼畫。

一半的孩子被告知這是場比賽，拼貼畫會交由大人評定，最好的三幅作品將贏得精美獎品。

其餘的孩子則沒有給他們這種競爭的框架，也沒有承諾給獎品。理論上，那些孩子就只是因為喜愛而做拼貼畫。

之後，由五位受過訓練的藝術家就整體創意與技巧性，給所有孩子的拼貼畫評分。康提比較了在競賽與非競爭場景下的作品創意分數。

整體而言，康提發現比賽讓孩子**更有**創意：評審給他們的作品分數更高。但是就像崔普雷的競爭機器觀察到的，並非所有孩子都如此。有兩種孩子：一種在爭取獎品時似乎變得更有創意，另一種不喜歡作品被人評判而較沒創意。

這些孩子有什麼區別？康提的結果顯示，這個差異取決於一個性格特質，這個特質對東德的學童同樣很重要，就是能動性。

能動性高的孩子喜歡拼貼畫比賽，而且更有創意；能動性低的孩子不喜歡被評判或比較，於是變得不那麼有創意。

結果再次顯示，強烈的能動性十分重要。

我們藉由允許孩子自由做選擇、鼓勵他們相信自己做的決定，來培養他們的能動性。我們必須讓他們有主見、感受自己的需求，並採取行動來滿足需求。這也代表要讓他們有犯錯的機會。

能動性本身不會直接帶來創造力，但是建立起來的心理會產生創意，進而產生靈活彈性、適應性，以及富有創意的解決問題能力。

我們整個社會在培養創意上犯了錯。我們只專注在結果，像是藝術方案、科展、戲劇表演，以及音樂會。當然，我們必須鼓勵這些，也讚美這些努力，但這並不是答案的全部。我們還需要培養孩子的能動性，這樣競爭才不會構成威脅，而是刺激他們進步，並有足夠的信心拿出自己努力的成果。這才是從陶倫斯以降至康提，一路以來給我們的真正經驗。

其實，許多非常有創意的成人，童年時從未受過重要的藝術訓練，反而是在童年時學會了相信自己的判斷，不依賴別人的意見，在成長過程中學會了適應衝突、矛盾、對立。最後長大成人了，讓他們即使可能遭到拒絕或批評，也能大方提出自己的想法。

帕拉戈內，這個代表競賽辯論的義大利字彙，已經轉化為現代英語的「paragon」，通常是用來形容無與倫比的事物，尤其是鑽石。我們不能忘記，鑽石之所以無與倫比，是因為經歷過幾世紀的高溫與壓力。這正是孩子需要擁有的：隨著時間而累積的清晰思路與堅定視野，是一種能夠承受巨大壓力的卓越才華。

第十二章

黑襪橫掃華爾街

1 重視體育競賽，國家不會變壞？

民主和奧運，哪一個先出現？

是奧運，早了大約兩百年。

奧運和民主都被認為是古希臘的遺產，但鮮少有人討論這兩者的關係，彷彿兩者之間毫無關聯，但其實有強烈的關係。證據顯示，奧運是民主的**先驅**。

傳統上，點燃神廟祭祀火焰的榮耀，會交給在場政治等級最高的成員——國王、寡頭，或軍事領導人。不過，奧林匹亞的宙斯神廟與赫拉神廟，吸引了來自小亞細亞各地的信徒。在這樣一個神聖的場所，要聲稱哪個人比其他人優越很困難，甚至有危險。因此，大約在西元前八世紀，希臘人決定來場兩百碼的賽跑：由獲勝者來點燃火焰。比賽對所有人都公平，人人都能目睹並接受結果。同時比賽也符合宗教背景，是證明選手配得上榮耀的機會：獲勝就證明了眾神的青睞。

漸漸地，希臘人又增加了其他賽事，成了四年一度的節慶：史上首次有紀錄的奧運是在西元前七七六年。

雖然各地經常有比賽，但奧運是古希臘人生活的核心。賽事在數年前就預先排上日程，好讓希臘世界的所有人都能參加。

奧運慶典期間是大範圍的停戰期：交戰的人可以放下武器，毫髮無傷地穿過敵人領土參加比賽。運動員通常代表城邦或強大的部族，但如果能通過最初的體能檢查，也可以單獨出賽。比賽前的一個月，所有運動員都必須住在奧林匹亞：他們必須一起訓練，甚至吃同樣的餐點。

慶典期間，交戰的斯巴達與雅典人必須自我克制，在規則與公正的裁判下（在真正的戰場上是找不到的）進行友好的對抗。比賽從運動員向宙斯宣誓的儀式開始：他們承諾按照規則行事，並遵從裁判的判決。賽跑、摔角、拳擊等賽事，都有明確的獲勝者：體育場四萬名觀眾都知道誰贏了。

奧運獲勝者會獲得獎金，還有更重要的社會地位與榮耀。他們會受到詩人的讚美，還會為他們的成就樹立雕像。

奧運的競爭氣氛不限於運動員。觀眾當中有政治家、哲學家、貴族、詩人，在拳擊手出擊時，外交官來回敲定協議條款，商人就進口商品討價還價。辯論文化就此奠定。雄辯家公開演說，暢談泛希臘聯盟的重要性，哲學家則辯論如何改變世界。

一如許多其他社會，希臘人的地位傳統上是由出身決定。但是運動員向所有人證明，一個出身低的人只要努力訓練，也能勝過階級高的人。久而久之，雄辯家與哲學家也採取了相同的態度：看到運動員藉練習而進步，讓人相信心智也可以訓練。

奧運經過兩個世紀後，遵循規則競賽以及公開辯論的傳統，漸漸成為雅典政府的一部分。地方問題有較小型的討論會，而更大的議題，公民會聚集到雅典大型公共場所討論。公民論述有公正的評審和行為準則。他們會站到五千名市民前，侃侃而談為什麼主張的行動方針對全體人民最好。當辯論結束，所有公民會投票，由多數人決定結果。他們會選出領導人，但任期有限。

阿睿提（透過競賽發現卓越的德行）是必須培養且證明自己具備，然後用來造福所有人的德行。

歷史學家有關希臘民主的研究，與布林莫爾學院社會學家華盛頓（Robert Washington）的研究類似。華盛頓在思考，在缺乏制度化體育的國家，貪腐的情況是否可能較多；而在體育活動更完善的國家，貪腐則比較少。而這些誠實正直的運動賽事，不僅反映國家行事更合乎道德，說不定還是國家正直的真正**原因**。

當然，這目前還只是理論，但以下是華盛頓論點的概要。

大部分人無法取得需要的資訊，來徹底了解華爾街的績效，或者評估五角大廈一項軍事行動的功效。而體育賽事在制度上非常獨特：所有相關記錄都向大眾公開。當職棒大聯盟的聖路易紅雀隊打比賽，球場裡可有四萬人目睹他們的一舉一動。比賽還可以從廣播聽到，電視上也能看到。每位選手的比賽成績會即時公布，並在賽後廣泛流傳。

此外，大家不需要特別訓練，就能了解紅雀隊是怎樣安打得分，累計全壘打數也很容易。當我們看到偏離歷史的模式，就會心生懷疑，並且追究到底。

再者，大家對自己的球隊有情感連結。當體育界發生腐敗事件時，對於他們的生活有更加實質、立即的影響（相對於牽涉到軍火包商或華爾街分析師的醜聞）。

華盛頓的團隊研究了一九一九年遺臭至今的「黑襪醜聞」，當時芝加哥白襪隊的球員承認在世界大賽打假球。在黑襪醜聞之前，棒球選手會賭博，但當時還沒有確立起是非觀。黑襪球員被棒球界除名後，規則就無比清楚了，處罰也同樣一目了然。

進步時代的改革精神在黑襪醜聞之前就已開始（對黑心食品與藥品的法規，接著是童工法令），改革者原本標榜棒球是公平比賽的模範。在棒球場上，來自社會各階層的人聚在一起，抱著共同的價值觀：尊重個人主義、智慧、運動能力，以及競爭精神。

白襪選手曾經是國家英雄，但無情的球團老闆卻認為選手只是另一群應該受虐待的工人。球員多年來薪資過低，獎金被剝奪，還被迫自己洗球衣，於是他們的回應就是想出一個討回公道的計畫。黑襪醜聞將棒球從進步的夢想變成了噩夢一場。

醜聞的核心人物羅斯坦〔Arnold Rothstein〕，是一名紐約的賭徒，也是紐約塔慕尼協會〔Tammany Hall〕貪腐案的核心人物。羅斯坦、塔慕尼與這起醜聞之間的關聯無法磨滅（費茲傑羅〔F. Scott Fitzgerald〕在《大亨小傳》〔*The Great Gatsby*〕提及過，而亨利・福特〔Henry Ford〕也在報紙社論痛斥羅斯坦）。

從被收買的球員到收買他們的賭徒，所有涉案人都背棄了誠實、可信、勤奮的美國價值。世界大賽竟然能被操縱，警示這個產業體系有可能崩壞。

為了挽救這項運動，球隊老闆設立了職棒大聯盟主席，職責就是監督球隊，讓大眾相信這樣的舞弊事件不會再發生。華爾街費了將近十四年和一次股市崩盤，才有了自己的超級警長，且同樣也是用了「主席」這個頭銜。

華盛頓認為，當我們的生活大多都在預料之中，甚至寫好了劇本，體育比賽提供社會共同的懸疑與興奮感，這種體驗難以在其他地方找到。因此，任何比賽被操縱的可能都是無法容忍的。

華盛頓認為，時間久了之後，大家開始猜想，為什麼其他機構不像體育賽事這麼透明。他們開始問，為什麼執行長、公司、政府官員無法像球賽成績那樣公開好理解。

華盛頓指出，美國人經常透過體育術語來定義公平。我們會引用運動的譬喻，例如俗語「想要一個公平的賽場」以及「一場乾淨的比賽」。不正當的手段就是「攻擊對手腰帶以下」，或是「打人下半身」。羅伯茲（John Roberts）在最高法院首席大法官的確認聽證會上，用體育術語解釋他對自己職責的理解：「法官就像裁判。裁判不制定規則，而是執行規則。裁判和法官的角色至關重要，以確保每個人都遵守規則。」

印度是相對較新的民主國家，卻背負長達幾世紀之久的貪腐文化。根據研究，半數的印度人承認曾賄賂政府官員，從取得出生證明到準時報稅等不一而足。在二〇〇九年的大選中，一千四百名候選人當中有兩百二十二人不只忙著競選，還在等待刑事判決。貨車司機們一年大概要付出五十億美元的賄賂。但是整頓印度政治的工作卻幾乎不見成效。

儘管板球是印度國球，職業聯盟卻是到二〇〇七年才組成，採用的是時間較短、方便電視轉播的形式，企圖打造成板球界的ＮＢＡ。但是新聯盟屢屢傳出貪腐的指控，引起全國群情激憤。二〇一〇年，外交部長爆出一連串的公關災難，以及不當使用公款的消息，但是直到他涉嫌捲入板球的假球案，才被迫辭職。正如一名記者採訪到的：「你可以侵占土地、收賄、逃稅，沒有人真的在意。但千萬別動板球的歪腦筋。」

二〇一二年五月又有第二輪指控，這次有更多板球球員拿錢打假球。在此之後，一名政治人物甚至說：「這種行為既不是板球，也不是我們的文化。」民眾強烈要求板球透明化，並認為板球運動的舞弊不斷，是印度政府漠視人民的證明。

如果華盛頓的假設正確，對於板球運動的憤慨將使印度對公平有更具體的感受，進而更強勢地根除政治與商業中的貪腐。運動醜聞是更全面改革的前哨。

2 失敗或勝利的情緒反應

西元前四世紀的一場奧運比賽，拳擊手尤波洛斯（Eupolos）被發現收買三名對手。根據歷史學家史派維（Nigel Spivey）研究，那是已知第一起奧運比賽作弊的例子。犯錯的運動員被罰款，款項則用來製作十座真人大小的雕像，每座都刻劃一個憤怒的宙斯，雕像的底座更刻上犯規者的名字和犯行。銅雕就擺放在奧運場館的入口外面，對運動員及其代表的城市是永遠的恥辱。

「勝利是由雙腳的速度與身體的力量來獲得，而非金錢。」公元二世紀的希臘學者保薩尼亞斯（Pausanias）警告。

那麼些年下來，仍有幾起舞弊事件，但總體來說，古希臘的奧運選手似乎都遵守規則。這種對公平的強烈信念，或許是奧運能存在這麼久的原因。

根據匈牙利科學院教授富洛普（Márta Fülöp）的研究，公平性是決定我們如何回應競爭的最重要因素。

不適應性反應通常不是個人品德的問題，而是競賽不公平的結果。遭受不公正對待時，即使是好人也會開始做壞事。

不公平競賽的獲勝者會覺得羞愧、恐懼，或是幸災樂禍，這會導致與失敗者產生情感疏離。同理，不公平競賽的受害者無法為獲勝者感到高興。他們無法接受自己的失敗並繼續往前，而會生氣和憎恨，有時還會感到無助或提不起勁。

競賽若是公平，輸贏都會觸發適應性反應。在一場公平的比賽中，獲勝者能夠同情失敗者，產生一種情感連結。而失敗者可以接受結果，為獲勝者的成功感到高興。結果不僅關乎勝利，而是尊重彼此的努力。

我們對輸贏的情感反應舉世相同。富洛普研究過在傳統集體文化（例如日本與中國）或個人主義強調「競爭」的西方文化（例如加拿大）中的輸贏反應。她發現對勝利最普遍的反應是喜悅，以及對自己的能力感到滿意。在她的樣本中，有四分之三是這樣的反應。

不過，根據富洛普的研究，獲勝會有這四種反應：

1. 喜悅：欣喜若狂且活力四射。
2. 對自己的能力感到滿意。
3. 拒絕承認獲勝：害怕引發別人報復而內疚和恐懼，強烈想掩蓋內心的喜悅。
4. 自戀式的自我膨脹：對失敗者產生惡意的優越感。

根據富洛普，失敗則有這四種反應：

1. 難過與失望，但能優雅地接受失敗，不會有敵意或責怪。
2. 拒絕承認失敗：表現出不在乎、厭倦、無聊、情感剝離。
3. 自我貶低：認為自己一無是處，拖累了團隊，憎恨自己，極度尷尬。
4. 對獲勝者的攻擊：嫉妒、生氣、憎恨獲勝者。

正如她在研究中所見，第一類反應同樣是最普遍的：後三者則極為罕見。你對獲勝的反應可高度預測你對失敗的反應，反之亦然。比方說，富洛普發現獲勝後反應是自戀優越的人，通常也是失敗後會氣勢洶洶反擊獲勝者的人。否認勝利重要性的人，同樣也可能否認失敗的意義，或者會因失敗痛責自己。無論輸贏，他們會根據自己認定的別人的反應，來調整自己的反應。

不適應性反應會讓人失去動力。自戀型的競爭者不會覺得下一輪需要更努力，反而認為勝利是自己應得的。因此，他們不會重視公平性，更有可能透過作弊來獲勝。

不適應性的競爭者無論輸贏，反應都一樣不恰當。

相較之下，在公平競爭中展現適應性反應的人表現則不同。對於正面結果感到喜悅或滿意的獲勝者，更有可能大方接受失敗。當然，他們會難過，甚至沮喪，但他們會將這些情緒轉化為下次更努力的動力。他們的喜悅和挫折，都成為推動自己前進的燃料。

我們常用那句「輸贏不重要，重要的是你如何打這場比賽」的老話來安慰失敗者（上一次有人對獲勝者說這句話是什麼時候？）。然而，這句話不該只是個安慰獎，而應該被視為建立自我理解、認識對手，並學習如何在下場比賽表現更好的基礎。

3 人生的賽局，不只看短期結果

要競爭，就需要擁抱不確定性。我們本能地體認到，未經安排、充滿懸念的結果，即使最終失敗，也比預先計畫好的人生更有價值。

我們已經看到，在政治領域，競選公職需要不畏艱辛，挑戰渺茫的勝選機率。我們也看到，在奧運游泳比賽中，未知的結果能激發歷史性的突破。我們還看到，整形外科醫生在擔心手術的複雜與不確定性時，會促使關鍵荷爾蒙反應，讓他們迎接挑戰。為勝而戰需要持續冒險。當我們停止冒險，就變成了只求不輸。而正是競賽的不確定性，讓劣勢者仍有一線機會，而過度自信則讓強者滑鐵盧。

我們必須準備好面對環境的變化。我們必須承認競爭對手可能同樣擁有相當的實力和準備。正是不確定性讓大腦保持活躍。

如果競爭讓你疲憊不堪，不妨運用科學來分析原因，並找出提升表現的方法。

這場競爭是否不公平？這是場無限賽局，而非有限賽局嗎？你競爭的對手太多，而不是只有幾個可敬的對手？失敗時，你覺得生氣，還是無助絕望？

學習如何將競賽視為挑戰而非威脅，可以幫你克服初期的膽怯。久而久之，人的思維甚至生理狀況，都可以適應競爭的壓力。我們可以學會辨識何時努力在下降，以及可能的原因。發掘個人最佳功能區，不論是冷靜還是激動，同樣可以幫助人成為優勝者。體認到哪些自我評價的想法有建設性、而哪些無效，也是種心理優勢。團隊可以分辨出何時規模太大，或缺乏層級結構，正在削弱他們的表現。

隨著經驗的累積，我們了解到輸贏只是短期的結果，而長期的目標是提升自我。

有些人主張，我們的日常生活已經背負太多競爭，從生到死的每件事都是比賽。但不要忘了，不適應性競爭的定義，就是強迫自己在生活的每個方面都要競爭——沒有「關閉」的開關。健康、成功、適應性的競爭意識，是選擇對自己重要的事並為之奮鬥，同時略過其他挑戰。保留能量面對最重要的戰鬥，最基本的辦法就是選擇什麼時候不競爭。

本書開端從跳傘談起——我們是如何驚人地快速習慣於那樣猛烈地衝向地面。心理學家羅津（Paul Rozin）將跳傘列為與搭雲霄飛車、觀看悲劇、吃辣椒同一等級的活動。羅津發現大多數人喜歡挑戰自己：喜歡最恐怖的雲霄飛車，也喜歡辣到接近痛苦的辣椒。他們從體驗少量的危險來獲得快感。

我們想知道自己能承受多少，還想超越極限。根據羅津的說法，我們喜歡將自己逼到極限的狀態。

我們喜歡競爭正是因為這個原因。競爭有危險，而我們想要透過考驗來證明自己。我們渴望那種超越恐懼極限的刺激體驗。

致謝

我們要感謝我們的出版商Twelve，尤其感謝Cary Goldstein、Jamie Raab，以及Brian McClendon，他們從一開始就跟我們一樣對競爭的科學充滿興奮。Curtis Brown Ltd.的Peter Ginsberg長久以來都是我們堅實的夥伴，還有Shirley Stewart與Dave Barbor也是。

當然，沒有數十位學者及其他協助我們調查探索的人士，我們無法完成這個工作。其中幾位，我們已經勞煩多年，所以十分感謝他們還願意回我們的電話，而且在我們帶著更多問題又出現在學術研討會上時，依然微笑以對。數十位研究人員非常親切友善地同意接受訪談，並分享他們的論文草稿。當我們追著他們穿過會議走廊、不斷用電話和電子郵件打斷他們的輪休假期，依然耐心回答我們的問題。

我們要特別感謝國立台灣師範大學的張俊彥，慷慨允許我們在第四章使用難得要命的試題例子。也要感謝劍橋大學的Simon Baron-Cohen，大方允許我們使用他的「眼神辨識」測驗的圖像。

接下來，我們還要感謝下列諸位提供時間、草稿、電子郵件等等：美利堅大學的Jennifer L. Lawless、布蘭迪斯大學的Nicolas Rohleder、布林莫爾學院的Robert E. Washington、卡爾頓學院的Neil Lutsky、卡內基美隆大學的Anita Williams Woolley、布拉格查理大學的Jaroslav Flegr、柯蓋德大學的Regina Conti、哥倫比亞大學的Richard Ronay、康乃爾大學的Kyle Siler、杜克大學的Stephen Stanton、埃默里大學的David A. Edwards、伊拉斯姆斯大學的Robert Dur、費爾丁研究所的Gordon Goodman、喬治梅森大學的John V. C. Nye、綠山學院的Jennifer Sellers、哈佛大學的Joyce Benenson、Zoë Chance、J. Richard Hackman、Karim R. Lakhani，以及Melissa Valentine、德國基森大學的Renate Deinzer、新加坡國立大學商學院的Michael Frese、美國海軍研究院的Quinn Kennedy、紐約大學的Joshua M. Aronson和Gabriele Oettingen、西北大學的Adam Galinsky和C. Kirabo Jackson、賓州大學的Alan Booth、羅格斯大學美國女性與政治中心的Gilda Morales、聖荷西州立大學的Gregory Feist、史丹佛大學的Muriel Niederle、斯德哥爾摩經濟學院的Anna Dreber Almenberg，以及斯德哥爾摩大學的Patrik Gränsmark、德州農工大學的Sarah A. Fulton、阿姆斯特丹大學的Carsten De Dreu、英屬哥倫比亞大學的Adele Diamond、加州大學柏克萊分校的Laura Kray與Frank Sulloway、加州大學戴維斯分校的Scott Carrell與Dean Keith Simonton、加州大學舊金山分校的Wendy

Berry Mendes、荷蘭格羅寧根大學的N. Pontus Leander、德國曼海姆大學的Roland Vaubel、密西根大學的Stephen M. Garcia、明尼蘇達大學的Aldo Rustichini、密蘇里大學的David A. Bergin與Donald O. Granberg、新南威爾斯大學的Thomas Denson、北卡羅來納大學教堂山分校的Bradley R. Staats、奧勒岡大學的Pranjal H. Mehta與Michael I. Posner、賓州大學的Paul Rozin、德州大學奧斯汀分校的Alok Kumar、多倫多大學與約克大學的Paul Dennis、維吉尼亞大學的Jeanne M. Liedtka、以及韋恩州立大學的Justin M. Carré。

此外，華特里德陸軍研究所的Amy Adler、康乃爾大學的Michael H. Goldstein、紐約州立大學水牛城分校的Jamie Ostrov、威斯康辛大學麥迪遜分校的B. Bradford Brown、以及加州州立大學聖伯納迪諾分校的James C. Kaufman，都協助指引我們研究的新方向。謝里夫家族針對他們父母的羅伯斯山洞實驗，提供我們一些精闢見解。

還有其他人特地撥冗給我們寶貴的意見——主要是北卡羅來納大學的Anson Dorrance、Jason Lezak、NASA的Edward Rogers、Chuck D.，以及Andrew Love。

而在政治界，我們的朋友Kirk Hanlin回覆我們許多電話、電子郵件，以及簡訊。非常感激得以和我們的朋友Paul Begala與Jeffrey Eller交談得知關於政治圈的選舉情況、州議員的生活，以及其他資訊。艾森豪總統紀念圖書館的Samantha Kenner，以及馬克．吐溫

（Mark Twain）權威Barbara Schmidt，也都曾提供我們協助。

我們要感謝下列諸位協助確認其他的相關細節：Richard Eisinger、Karen Bosko、Evan Carmichael，Jason Goldberg與Christian Schoenherr，Andy Cutler、Erik Peper、美國社會學學會的Daniel Fowler，以及Jolyn Matsumoto。另外還要謝謝SAGE出版公司的Jim Gilden、愛思唯爾的Sacha Boucherie，以及威立—布萊克威爾出版社的Jennifer Beal，允許我們使用他們出版的期刊。

參考資料

請見：http://qrcode.bookrep.com.tw/topdog，或掃描以下QR code。

一起來　0ZTK0057

人上之人

Top Dog

作　　者　波・布朗森 Po Bronson、艾許麗・梅里曼 Ashley Merryman
譯　　者　林奕伶
主　　編　林子揚
助理編輯　鍾昀珊
編輯協力　張展瑜

總 編 輯　陳旭華 steve@bookrep.com.tw
出版單位　一起來出版／遠足文化事業股份有限公司
發　　行　遠足文化事業股份有限公司（讀書共和國出版集團）
　　　　　231 新北市新店區民權路 108-2 號 9 樓
電　　話　(02) 2218-1417
法律顧問　華洋法律事務所　蘇文生律師

封面設計　FE 設計
內頁排版　宸遠彩藝工作室
印　　製　通南彩色印刷股份有限公司
初版一刷　2025 年 3 月
定　　價　450 元
I S B N　978-626-7577-12-7（平裝）
　　　　　978-626-7577-11-0（EPUB）
　　　　　978-626-7577-10-3（PDF）

國家圖書館出版品預行編目（CIP）資料

人上之人 / 波 . 布朗森 (Po Bronson), 艾許麗 . 梅里曼 (Ashley Merryman) 著 ; 林奕伶譯 . -- 初版 . -- 新北市 : 一起來出版 , 遠足文化事業股份有限公司 , 2025.03
面 ; 14.8×21 公分 . -- (一起來 ; ZTK0057)
譯自：Top dog
ISBN 978-626-7577-12-7（平裝）

1. CST: 競爭　2. CST: 成功法

541.61　　113017637